AF639511

AMRA

MONIKA CARDINAL

# KOSMISCHES WISSEN

## von Andromeda

Botschaften & Anleitungen

AMRA

**Besuchen Sie unseren Shop:**
**www.AmraVerlag.de**

*Ihre 80-Minuten-Gratis-CD erwartet Sie.*
*Unser Geschenk an Sie … einfach anfordern!*

2. Auflage

Eine Originalausgabe im AMRA Verlag
Auf der Reitbahn 8, D-63452 Hanau
Hotline: + 49 (0) 61 81 – 18 93 92
Service: Info@AmraVerlag.de

| | |
|---|---|
| Herausgeber & Lektor | Michael Nagula |
| Einbandgestaltung | Guter Punkt |
| Cover & Innenillus | Mystic Treasure |
| Layout & Satz | Birgit Letsch |
| Autorenfoto | Natalie van der Smissen |
| Druck | Tschechische Republik |

ISBN 978-3-95447-652-7 (Buch)
ISBN 978-3-95447-659-6 (eBook)
ISBN 978-3-95447-666-4 (Hörbuch)

Content © 2023 by Monika Cardinal, www.smaranaa.eu
Videos mit Botschaften auf www.youtube.com/c/monikacardinal

Die folgenden gechannelten Bücher könnten Ihnen gefallen:
*Christine Woydt, Saint Germain – Dein Aufstieg in die Meisterschaft*
*Pavlina Klemm, Lichtbotschaften von den Plejaden (9 Bände, 10 CDs)*
*Paula Himmelreich, Die Transformation der Menschheit (Sandalphon)*
*Gary R. Renard, Als Jesus und Buddha sich kannten (Arten & Pursah)*
*Horst Krohne, Die Geistige Schöpfung des Lebens (Geistheilung)*

Der Verlag behält sich die Verwertung der urheberrechtlich geschützten Inhalte dieses Werkes für Zwecke des Text- und Dataminings nach § 44 UrhG ausdrücklich vor. Jegliche unbefugte Nutzung ist hiermit ausgeschlossen.

Die Ratschläge und Informationen in diesem Buch wurden von Autor und Verlag sorgfältig erwogen und geprüft, dennoch kann eine Garantie nicht übernommen werden. Die Links im Text konnten nur bis zum Zeitpunkt der Veröffentlichung eingesehen werden. Eine Haftung für Personen-, Sach- und Vermögensschäden ist jeweils ausgeschlossen. Alle Rechte sind vorbehalten.

Wir möchten unsere Leser darauf hinweisen, dass der Autor und der Verlag viel Liebe und finanziellen Aufwand in die Entstehung dieses Buches gesteckt haben und auf einen entsprechenden Rückfluss durch den Verkauf angewiesen sind. Deshalb ist die nicht genehmigte Verbreitung dieses Buches durch digitale Medien, auch auszugsweise, untersagt und strafbar. Wir bitten Sie herzlich darum, durch die Wahrung der Rechte den erheblichen persönlichen Einsatz von Autor und Verlag wertzuschätzen.

*Dieses Buch ist meiner Familie*
*und all den liebevollen Menschen gewidmet,*
*die mich begleiten. Ich kann kaum in Worte fassen,*
*wie tief meine Dankbarkeit ist.*
*Wertschätzung und die Verbreitung von Liebe und Hoffnung –*
*das sind die kostbarsten Geschenke, die wir einander machen können.*
*Mögen die Zeilen dieses Buches daran erinnern,*
*wie wichtig es ist, die Liebe in unserem Herzen zu bewahren*
*und Hoffnung in unsere Träume zu setzen.*
*Lasst uns gemeinsam wachsen, lieben und hoffen,*
*denn in unserer Verbundenheit liegt die Kraft,*
*die Welt zu einem besseren Ort zu machen.*
*Mit aller Dankbarkeit, Liebe und Hoffnung –*
*für jeden Einzelnen von euch.*

# Inhalt

# Ihr lieben Lichtmenschen,

als ich eines Nachts zu Andromeda hinaufschaute, geschah etwas ganz Erstaunliches. Ich sah ein helles Licht am Himmel dahinziehen. Erst dachte ich, es sei ein Stern, bis mir klar wurde, dass es sich dafür viel zu schnell bewegte. Es musste sich um einen Kometen handeln! Ich sah, wie er den Himmel überquerte und hinter den Bäumen verschwand. Und ich war so aufgeregt, dass ich meine Familie weckte, um ihnen dieses Licht zu zeigen.

Nun war das Sternbild Andromeda schon immer eine meiner Lieblingskonstellationen im Universum. Es ist eines der bekanntesten Sternbilder des nördlichen Sternhimmels, weil es mit dem Andromedanebel die nächstgelegene Spiralgalaxis enthält, unseren kosmischen Nachbarn. Sie ist ungefähr zweimal so groß wie unsere Milchstraße und wunderschön. Ich habe dieses Sternbild immer geliebt, mein Leben lang, und ich liebe es nach wie vor, zu ihm hinaufzuschauen und mir vorzustellen, dass ich durch den Weltraum zu dieser unmittelbaren Nachbargalaxis reise.

Meine Familie und ich, wir standen also eine Weile da draußen in der Nacht und starrten zu Andromeda hinauf. Wie schön wäre es doch, sie zu besuchen, dachte ich. Nicht nur ich allein, sondern mein ganzes Volk. Wer weiß, was für erstaunliche Dinge wir dort finden würden. Ich werde nicht aufhören, von den unendlichen Möglichkeiten zu träumen, die uns erwarten, beschloss ich, überzeugt, dass es noch sehr lange dauern würde.

Doch es geschah alles ganz anders und viel schneller als erwartet. Schon als ich mich in derselben Nacht niederlegte, sprach Mai'Medanaa im Traum zu mir, eine Kosmische Schwester, die sich dir später in diesem Buch noch selbst vorstellen wird. Sie sagte: »Deine Zeit ist gekommen, du bist jetzt bereit und darfst nach Andromeda reisen, um uns zu besuchen.« Das waren ihre Worte. Wer Mai'Medanaa war, wusste ich damals noch nicht. Aber die Botschaft machte mich überglücklich.

Ich richtete mich im Bett auf. Konnte das wahr sein? Durfte ich wirklich die Andromeda-Galaxis besuchen? Ein tiefes Wissen in mir ließ keinen Zweifel daran aufkommen. Etwas hatte eine Wahrheit gesprochen, deren Erfüllung unmittelbar bevorstand … genauer gesagt, jemand: Mai'Medanaa hatte mich eingeladen, und ich folgte ihrem Ruf.

Mir blieb allerdings kaum Zeit, mich darauf vorzubereiten. Ehe ich mich versah, saß ich in einem Raumschiff, das durch den Weltraum in Richtung Andromeda raste. Es ging alles so schnell, dass der erste Blick aus dem Fenster mir schon zeigte, wie unsere Milchstraße in der Ferne schrumpfte. Viele mir unbekannte Sterne zogen wie helle Lichter vorüber. Mai'Medanaa sagte, in weniger als einem Tag würde ich am Zielort ankommen. Ich konnte es kaum erwarten! Was würde mich dort erwarten? Würde ich enttäuscht sein? Ist Andromeda wirklich dieser erstaunliche Ort voller Geheimnisse und Wunder?

Je näher ich kam, desto deutlicher wurde eine riesige Spirale vor mir. Eine Billion Sterne funkelte. Es war eine Galaxis, unfassbar schön. So viele Farben leuchteten vor mir, Farben, die ich noch nie gesehen hatte, und nur Stunden vergingen, bis wir in ein Sonnensystem eintraten und uns einem kleinen Planeten näherten, der wunderschön schimmerte.

Als wir auf einem der Kontinente landeten, stellte ich fest, dass ich mich vor einer Schule befand. Durch die Sichtluken sah ich Menschen in Gewändern und Kinder, die einander Energiebälle zuwarfen und sich in medialen Kräften übten, und als ich hinausging, traf ich auf Mitglieder der Galaktischen Föderation. Sie sagten mir freundlich, sie hätten Mai'Medanaa ausgebildet. Lächelnd nickten sie mir zu. Ich fühlte mich sofort wie zu Hause. Sie erklärten mir, wie wichtig es für mich sei, gerade jetzt an diesen Ort gelangt zu sein. Und dass ich auserwählt worden sei, Botschafterin dieser Galaxis zu werden. Ich war aufgeregt und ängstlich zugleich. Aber ich wusste, dass es mein Schicksal war. Und so nahm ich meine Aufgabe voller Demut an, denn ich wusste, dass dies sehr wichtig für die Andromedaner und die Menschen zugleich war und dass ich eine große Verantwortung trug.

Die nächsten Wochen vergingen in Windeseile. Ich wurde in die Lebensweise der Andromedaner eingewiesen. Ich lernte viel über die Bewohner dieser Galaxis und ihre Geschichte, über ihre Bräuche. Es war überwältigend und faszinierend. Nie hätte ich gedacht, dass es so viel zu lernen gibt! In diesem Buch werde ich darüber berichten.

Wir auf der Erde wissen nicht viel über die Andromeda-Galaxis, obwohl sie schon lange wissenschaftlich untersucht wird. Erst vor ungefähr einem Jahrhundert hat man ihre Natur als Spiralnebel erkannt. Sie ist eine der am weitesten entfernten Galaxien, die man mit bloßem Auge sehen kann, schätzungsweise doppelt so groß wie unsere Milchstraße, die ebenfalls ein Spiralnebel ist, und es ist faszinierend, sie zu studieren und mit ihren Wesen in Kontakt zu treten! Sie befindet sich etwa 2,5 Millionen Lichtjahre von der Erde entfernt und enthält tatsächlich über eine Billion Sterne! Wenn du Andromeda besuchst, wirst du feststellen, dass sie zwar ebenfalls ein Spiralnebel, aber ganz anders aufgebaut ist als unsere Milchstraße. Die Spiralarme von Andromeda sind viel ausgeprägter und sie enthält eine zentrale Ausbuchtung.

Außerdem gibt es um Andromeda herum doppelt so viele Kugelsternhaufen wie um die Milchstraße. All diese Unterschiede machen die Galaxis unglaublich interessant!

Andromeda beherbergt auch den sogenannten »Großen Kometen«, der als eines der gewaltigsten Objekte im bekannten Universum gilt. Dieser Komet ist so groß, dass er sogar eine eigene Anziehungskraft hat und um Andromeda kreist! Wissenschaftler glauben, dass der Große Komet entstand, als zwei Galaxien vor Milliarden von Jahren kollidierten und miteinander verschmolzen. Die beste Zeit, um Andromeda zu sehen, ist im Herbst, wenn sie am Nachthimmel zu sehen ist. Also geh raus, wenn es dir möglich ist, und wirf einen Blick auf diese unglaubliche Galaxis! Das, was du siehst, wird dich erstaunen und bezaubern. Und vielleicht wirst du sogar Mai'Medanaa fühlen oder spüren, wie sie zu dir spricht. Sie hat mir gesagt, dass sie sich auf jeden einzelnen Menschen freut und gerne Kontakt aufnimmt. Sie möchte dich mit ihrer Liebe beschenken und dir zeigen, dass du nie allein bist.

Und nun darf ich das Wissen verbreiten, das so liebevoll an mich weitergegeben wurde. Das ist meine ganz persönliche Art, der Menschheit und dem Großen und Ganzen zu dienen. Ich hoffe, dass dieses Buch für alle eine Quelle der Inspiration und Orientierung sein wird. Mai'Medanaa hat mir versichert, dass jedes Wort beim Schreiben mit Energie aufgeladen wurde und dir und allen, die es lesen, zum höchsten Wohle dienen wird. Sie sagte auch, dass dieses Buch auf der ganzen Welt gelesen werden wird. Aber vor allem werdet ihr hier über Zusammenhänge erfahren, von denen ihr nie zu träumen gewagt hättet.

In Liebe und Licht,

*Monika Nirijanaa Cardinal*

# 1

# Andromedaner und Draconier

Von Natur aus sind Andromedaner sehr freundlich, liebevoll und hilfsbereit. Ihre Geschichte ist äußerst interessant und ähnelt jener der Menschen. Auch sie wurden anfänglich, als sie noch nicht die hochentwickelten Wesen von jetzt waren, sehr stark manipuliert. Es gab damals sogenannte Königshäuser, die über das Volk herrschten. Diese Königshäuser waren mit dunklen Wesen verbündet und unterdrückten jede spirituelle Weiterentwicklung der Andromedaner. Sie veranstalteten satanistische Angstrituale, um die Bevölkerung zu lenken. Durch diese Rituale hielten sie die meisten Andromedaner in ihrer Angst gefangen und inszenierten auch einen Geschlechterkrieg.

Wenn wir die Anfänge ihrer Entwicklung betrachten, müssen wir sagen, dass die Andromedaner vor Milliarden von Jahren einfache Wesen waren, die in einer rauen Umgebung ums Überleben kämpften. Ihr Leben war geprägt von Angst, Krieg, Neid und Machtgier. Zwar waren die Frauen auf Andromeda schon damals, zu Beginn der Entwicklung dieses Volkes, sehr stark. Doch die heftigen Geschlechterkämpfe lenkten sie vom Sinn ihres Daseins ab und schwächten das gesamte Volk. Sie ermöglichten den Anführern eine leichte Handhabung ihrer Manipulationen, die jeden Widerstand im Keim erstickte. Viele Andromedaner, die sich wehrten, wurden in Kämpfen getötet, und das Leben war den meisten eine solche Last, dass sie schon verzweifelt aufgeben wollten.

Die Andromedaner waren gänzlich unerwartet in diese Lage geraten. Als die ersten von ihnen die Manipulationen und Angstrituale der Königshäuser entdeckten, konnten sie es kaum fassen. Sie wussten, dass sie handeln mussten, um das Schlimmste zu verhindern. Also trafen sie sich heimlich in kleinen Gruppen und begannen, anfangs ganz defensiv, zu meditieren und zu beten. Bei diesen Treffen entstand eine sehr hohe Schwingung, die sich auf viele aus ihrem Volk übertrug. Wer sie wahrnahm, fühlte sich geschützt und verstanden. Sie bildeten nicht die Mehrheit, aber das Wissen und dieses Handeln machte sie zu Pionieren eines neuen Kampfes, der nicht mit Gewalt ausgetragen wurde.

Klug und freundlich, wie sie waren, gelang es diesen Pionieren einer Neuen Zeit, das Licht auf Andromeda zu stärken. Immer mehr Andromedaner erwachten, sahen erstmals die Wahrheit und begriffen, was mit ihrem Volk geschah. Sie betrachteten es als ihre Aufgabe, gegen die Königshäuser vorzugehen und sich ihre Freiheit zurückzuholen. Und dazu – das wussten sie – mussten sie noch viel mehr negative Schwingungen transformieren. Obwohl ihnen nicht bewusst war, wie die Änderung genau aussehen würde, die sie auf spirituellem Weg einleiteten, begannen sie sich für die Liebe des Universums zu öffnen. Damals setzte die große Wandlung auf Andromeda ein, ähnlich, wie wir es auf der Erde kennen.

Mai'Medanaa sagt, dass wir uns genau deshalb, weil vielen auf unserer Welt diese Entwicklung vertraut erscheinen wird, sicher vorstellen können, wie schwierig diese Zeit war. Es gab sogar einen Moment, da schien alles verloren, und die Andromedaner wollten als Volk bereits aufgeben. Sie hatten es geschafft, in ihrer dunkelsten Stunde das höchste Licht zu erreichen, als sich das Blatt wendete und ihnen das endgültige Ende drohte. Doch just in dem Augenblick bekamen sie Hilfe von anderen Wesen aus dem Universum. Einige dieser Wesen waren Plejader. Sie sahen das große Potenzial in ihnen. Durch deren Hilfe und ihr wachsendes Wissen konnten die Andromedaner ihre innere Stärke zurückgewinnen. Sie hielten daran fest, hilfsbereit, freundlich, liebevoll und dankbar zu sein. Durch diese Eigenschaften konnte sich ihre Sternenpersönlichkeit zu ihrer galaktischen Persönlichkeit entwickeln. Damals erreichten sie das Bewusstsein der fünften Dimension.

Mai'Medanaa spricht davon, dass das ein Prozess ist, den wir Menschen ebenfalls gerade durchmachen. Bei vielen von uns entwickelt sich jetzt das galaktische Bewusstsein. Wenn wir uns nicht beirren lassen und in Meditationen daran arbeiten, freundlich, liebevoll, hilfsbereit und dankbar zu sein, können auch wir unsere Persönlichkeiten in einem zuvor noch nie gekannten Ausmaß lichtvoll weiterentwickeln.

Nach einiger Zeit gelang es den Andromedanern, gestärkt und erfüllt von dieser Stärke ihre Welt zu verlassen. Sie bauten ihre technologischen Fähigkeiten aus und begannen ihr Sonnensystem zu erforschen und zu erschließen. Sie kultivierten ihr komplexes neues Wissen und erkannten schnell, dass sie mit bestimmten Lichttechniken, wie der Quantenverschränkung, ihre Planetensysteme und die gesamte Galaxis umgeben und schützen konnten. Sie entwickelten hochwirksame Energiegewinnungssysteme, von denen Mai'Medanaa später noch berichten wird.

Durch ihre spirituellen und technologischen Erkenntnisse wurden die Andromedaner zu den obersten Herren ihrer Galaxis. Sie beuteten ihre Galaxis aber nicht aus, sondern unterstützten sie mit ihren lichtvollen Technologien auf eine nachhaltige Weise, die für uns Menschen jetzt noch unvorstellbar ist. Und sie wechselten die Dimensionen. Die meisten Andromedaner befinden sich aktuell in der 12. Dimension und haben ein sehr hohes intergalaktisches Bewusstsein entwickelt. Es führte ein recht langer Weg dorthin, den die Menschen ebenfalls gehen werden. Es gibt unter ihnen sogar Gelehrte und Avatare, die sich bereits in der 24. Dimension befinden. Mai'Medanaa und ERAON gehören dazu. Du wirst in diesem Buch noch Gelegenheit haben, einen energetischen Besuch in der 24. Dimension zu machen. Dieser Besuch wird dir eine wichtige Energieerhöhung bringen und dich in deiner aktuellen spirituellen Entwicklung beträchtlich stärken.

Die Andromedaner waren in ihrem Prozess nicht allein. Sie hatten Kontakt mit vielen anderen intelligenten Sternenwesen und bildeten mit einigen von ihnen eine Allianz, die euch unter dem Namen Galaktische Föderation bekannt ist. Gemeinsam pflegen sie das Universum und helfen allen Wesen, sich weiterzuentwickeln. Auch wir Menschen haben in den letzten Jahren von der Weisheit der Andromedaner und der Galaktischen Föderation profitiert, die uns geistig und technologisch fördern. Wir stehen zwar erst am Anfang unserer Entwicklung und haben noch viel zu lernen, aber durch unsere Freundschaft mit den Andromedanern können wir beruhigt in die Zukunft sehen. Ich bin sehr dankbar für diese Freundschaft und das Wissen, das uns die Andromedaner vermitteln.

Im Laufe der Zeit entwickelten sie fortschrittliche Technologien, die es ihnen ermöglichten, ihre Galaxis lebensfreundlich zu machen. Mit ihren neu gewonnenen Fähigkeiten, ihre Umwelt zu schützen und zu kontrollieren, begannen sie sich langsam zu lichten Wesen zu entwickeln.

Seitdem ist die Galaxis ihr Lebensraum.

Mai'Medanaa sagt, man kann die Geschichte der Andromedaner sehr gut mit unserer menschlichen Geschichte vergleichen. Sie kennen die Situation, in der wir uns gerade befinden, denn sie haben Ähnliches erlebt. Deshalb helfen sie uns auch so gerne und unterstützen uns bei der Entwicklung unserer Fähigkeiten. Zusammen mit der Galaktischen Föderation wollen sie uns dorthin bringen, dass wir eines Tages in der Lage sind, unserer Milchstraße in göttlicher Ordnung zu dienen, und das heißt, die Energien und das Licht unserer eigenen Galaxis zu kultivieren. Das alles bringen sie uns bei.

Die Geschichte der Andromedaner ist eine inspirierende Geschichte. Durch harte Arbeit und Beharrlichkeit gelang es ihnen, über einen einzigen Planeten durch positives Wirken ein großes Reich zu erschaffen, das jetzt eine ganze Galaxis umspannt. Ihr Erfolg kann als Motivation für uns Menschen dienen, die wir uns bemühen, unser eigenes Erbe zu schaffen und unsere Milchstraße auszubauen, ähnlich wie die Andromedaner es mit ihrer Galaxis getan haben. Es ist die übergeordnete Aufgabe der Menschen, dies zu erreichen.

## Geschichte der Königshäuser von Andromeda

Wie bereits erwähnt ist die Andromeda-Galaxis in »Königshäuser« unterteilt. Mai'Medanaa sagt, dass wir das Wort Königshäuser verwenden sollen, damit wir Menschen besser verstehen, um was es geht. Es gab fünf solcher Königshäuser in Andromeda, die auf verschiedene Planeten der Galaxis verteilt waren. Jedes dieser Königshäuser hatte seine eigenen Aufgaben und Ziele, aber alle zusammen waren sie für die Weiterentwicklung von Andromeda verantwortlich. Sie bildeten einen starken Verbund.

In dieser Hinsicht könnte man sie mit den Regierungen des Planeten Erde vergleichen.

*Bei den einzelnen Königshäusern handelte es sich um …*

- das Königshaus der Wissenschaft,
- das Königshaus der Kunst,
- das Königshaus der Politik,
- das Königshaus der Philosophie,
- das Königshaus der Spiritualität.

Jedes dieser Königshäuser war für die Verwaltung und den Ausbau eines bestimmten Zuständigkeitsbereichs verantwortlich. Gemeinsam führte und beschützte die Führungsriege der Königshäuser das Sternenvolk der Andromedaner. Es lief auch sehr gut, bis die Königshäuser zunehmend von gefährlichen Drachenwesen beeinflusst wurden.

Diese fremden Wesen, Draconier genannt, infiltrierten die Führungsriege. Sie erschufen eine neue Regierung auf Andromeda, nämlich das Königshaus der Kriegsherren, und verboten das Königshaus der Spiritualität. Zu dem Zeitpunkt waren die Andromedaner noch nicht so weit, um sich gegen diese fremden und verderbten Sternenwesen wehren zu können. Sie ließen sich unbewusst äußerst leicht manipulieren und wurden dadurch in die Unterwerfung gezwungen.

Die neue Regierung des Königshauses der Kriegsherren war sehr korrupt und begann die anderen Königshäuser immer mehr zu unterdrücken. So kam es, dass die Führungsriege der Königshäuser sich zusehends aus korrupten und bösartigen Wesen zusammensetzte und die meisten Andromedaner sich von ihrer freundlichen und liebevollen Natur entfernten. Als sie ihren Pakt mit den Draconiern eingingen, veränderten sich die Regierungsmitglieder noch mehr. Der Pakt versprach ihnen große Macht und Reichtümer. Sie wirken nicht mehr zum Wohle aller, sondern begannen, nur noch für sich selbst zu arbeiten.

Durch den Druck, den das Königshaus der Kriegsherren auf die anderen Königshäuser ausübte, legten die Andromedaner ihre freundliche und liebevolle Natur im Wesentlichen ab. Sie organisierten satanistische Rituale, an denen die anderen Königshäuser teilnehmen mussten. Dort wurden weitere geheime Pakte unterschrieben, und die führenden Andromedaner wurden weiter korrumpiert und verdorben. Wer diese Pakte nicht unterschrieb, wurde getötet. In der Regierung herrschte Angst und Verzweiflung. Bald versklavten die Draconier die Andromedaner ganz offen und zwangen sie, für sie zu arbeiten. Viele Andromedaner flohen in andere Galaxien, weil sie sich dort mehr Sicherheit versprachen.

Im Königshaus der Kriegsherren gab es eine Königin, die nach außen hin stets eine gute Figur machte. Sie gab sich freundlich, positiv und um das Wohl der Andromedaner bemüht. In Wahrheit war sie jedoch die Anführerin des Bestrebens, den Untergang der freundlichen und liebevollen Andromedaner herbeizuführen. Diese Königin hatte großen Einfluss auf das Geschehen in der Galaxis und manipulierte mit ihrer Macht skrupellos alles und jeden. Ihre häufigsten Waffen waren Angst und Sorge. Sie verbreitete Schreckensnachrichten unter den Andromedanern, um sie gefügig zu machen. Viele Andromedaner verloren dadurch den Mut und die Hoffnung und wurden immer mehr zu bloßen Marionetten dieser Königin und ihres Gefolges, ohne dies zu bemerken. Die Andromedaner waren bald so sehr in der Angst gefangen, dass sie alles mit sich machen ließen. Sie gaben sogar ihren ganzen Besitz an die Königin ab und wurden komplett von ihren Launen abhängig.

Aber es gab sehr wohl noch Hoffnung, denn einige freiheitsliebende Andromedaner durchschauten die Machenschaften der Königin und wehrten sich gegen die Tyrannei. Sie hatten die schlimme Lage erkannt und deckten die Manipulationen der Königshäuser auf. Sie begannen gegen die Draconier zu kämpfen. Die meisten wurden von den Kriegsherren gefangengenommen und getötet. Es gab jedoch eine kleine Gruppe, der es gelang, zu entkommen und sich zu verstecken. Sie trafen sich im Geheimen und öffneten sich für die Spiritualität, die von den Draconiern verboten worden war. Ihre lichtvolle Ausstrahlung zog immer mehr Andromedaner an, und ihre Gruppe wurde stärker und stärker. Frei von Angst vor den Machenschaften der Königshäuser waren sie nicht beeinflussbar.

Mit Hilfe der Spiritualität gelang es der freiheitsliebenden Gruppe, Kontakt zu anderen Sternenvölkern aufzunehmen, die bereit waren, ihnen zu helfen. Ihre Stärke war die Telepathie, und so konnten sie sich unbemerkt miteinander unterhalten. Die befreundeten Sternenvölker unterstützten diese Gruppe bei der Revolte, und durch ihren Beistand fanden viele unterdrückte Andromedaner in ihre Kraft zurück und vertrauten wieder dem Licht und der Liebe. Schließlich wurde auf Andromeda das Königshaus der Kriegsherren, gemeinsam mit allen anderen Königshäusern, gestürzt, und die Draconier wurden verbannt. Aber die heftigen Kämpfe zwischen Gut und Böse hatten weit ins All hinausgegriffen und die gesamte Galaxis durchzogen. Jetzt führten sie zu gewaltigen Sternenbeben und Verwüstungen. Es kam zu einem großen Krieg, in dem die Andromedaner ihre Freiheit behaupten konnten. Dies war für sie die Zeit des Aufstiegs in die fünfte Dimension. Sie brachte die lang ersehnte Wende für die zukünftige Geschichte der Andromedaner.

Auf ihrer Welt gründeten die freiheitsliebenden Andromedaner eine neue Regierung, die sie »Föderation der freien

Sternenwelten« nannten. Seitdem bemühen sie sich, die ganze Galaxis wieder zu einem einzigen großen Ort der Liebe und des Friedens zu machen. Mai'Medanaa sagt, dass sie dies sehr gut machen und die Andromedaner inzwischen ein Alter von bis zu zweitausend Jahren erreichen. Viele von ihnen haben sich schon erheblich weiterentwickelt und stehen im Begriff, in die 24. Dimension aufzusteigen.

Für uns Menschen ist diese Dimension noch nicht erreichbar, sagt Mai'Medanaa, da wir erst die aktuellen Probleme auf der Erde lösen müssen. Sie sagt aber auch, dass wir es eines Tages schaffen werden. Sie hat die Menschen als sehr interessierte Wesen kennen gelernt. Für die Andromedaner bilden wir ein Volk, das sich im Moment noch in einem Käfig befindet. Sie sagen, sobald wir es geschafft haben, diesen Käfig aufzubrechen, könne uns niemand mehr aufhalten, und sie tun ihr Möglichstes, um uns dabei zu helfen, den Weg in die Freiheit zu gehen und unsere Schöpferkräfte entfalten zu können.

Wenn sie mit uns in Kontakt treten, verdichten die Andromedaner ihre Energie. Sie sagen, so können sie leichter zu uns sprechen. Allerdings ist das für sie sehr anstrengend, weshalb sie es nicht besonders gerne tun. Zum Glück gibt es mittlerweile Menschen, sagt Mai'Medanaa, die sich sehr gut weiterentwickelt haben und ein hohes Bewusstsein tragen. Mit ihnen können die Andromedaner sich bereits in der fünften Dimension verständigen, was viel einfacher für sie ist. Durch solche Kontakte ist auch dieses Buch entstanden.

Einige der freiheitsliebenden Andromedaner, die vor langer Zeit aufgrund politischer Machenschaften der Königshäuser aus ihrer Heimatgalaxis vertrieben wurden, kamen schon früh zur Erde, noch vor dem Galaktischen Krieg. Sie fanden dort Menschen, mit denen sie Kontakt aufnehmen konnten. Eine von ihnen ist Mai'Medanaa, eine Nachfahrin der freiheitsliebenden Andromedaner. Sie wurde auf Andromeda geschult, um die Lehren des Lichts zu uns Menschen zu bringen. Ich bin sehr froh, dass sie mir hilft, dieses wichtige Buch zu schreiben. Jetzt lächelt sie und nickt wissend, denn auch sie ist froh, auf diesem Weg unmittelbaren Kontakt zu dir, liebe Leserin oder lieber Leser, zu bekommen.

Mai'Medanaa sagt, es ist die Aufgabe der Andromedaner, allen Sternenvölkern im Universum zu helfen, ihr Licht zu erkennen und zur Liebe zurückzufinden. Die Menschen liegen ihr besonders am Herzen. Sie sagt, wir sollten lernen, unsere eigene dunkle Seite zu erkennen und anzunehmen. Dann können wir uns leichter dem Licht und der Liebe zuwenden und auch die Milchstraße zu einem Ort des Friedens und der Liebe machen. Wir sollen nicht aufgeben und weiter an uns selbst und unsere Fähigkeiten glauben. Dann wird jeder von uns seinen eigenen Weg finden, und der ganze Planet Erde wird von Liebe erfüllt sein.

Mai'Medanaa ist eine Botschafterin des Lichts und der Liebe. Sie kam auf die Erde, um uns Menschen zu helfen, unseren lichtvollen Weg zu finden. In diesem Buch gibt sie uns Hilfestellung und lehrt, wie wir Hindernisse auf unserem Weg überwinden können.

## Draconier von einer anderen Zeitlinie

Die Draconier oder Alpha Draconier stammen aus einer anderen Zeitlinie. Sie sind uns sehr fremd, kriegerisch und gefährlich und hassen alles, was lichtvoll ist.

Vor langer Zeit kamen sie in die Andromeda-Galaxis und machten sich zu Regierenden im Königshaus der Kriegsherren. Erst unterdrückten sie die freiheitsliebenden Andromedaner, dann begannen sie mit eiserner Faust über die Galaxis zu herrschen. Sie hatten einen Pakt mit dem Bösen geschlossen und waren in ihrer eigenen Zeitlinie eine ständige Gefahr für alle anderen Sternenvölker im Universum. Mit satanischen Ritualen und Schwarzer Magie, die sie von den dunklen Mächten gelernt hatten, versuchten sie, andere Sternenvölker zu unterjochen, suchten nach neuen Welten und Völkern, um sie zu unterwerfen und ihr Wissen und ihre Macht zu erweitern – bis der Große Krieg kam und sie vertrieben wurden.

Mai'Medanaa sagt, sie befinden sich jetzt nicht mehr in unserer Zeitlinie und können uns deshalb auch nicht mehr schaden. Es geht keine Gefahr mehr von ihnen aus, denn sie wurden von den Andromedanern und anderen gütigen Sternenvölkern dauerhaft verbannt. Doch selbst wenn die Draconier uns fast immer feindlich gesonnen waren, gab es doch ebenso freundliche Vertreter dieser Spezies.

Man sollte sie allerdings nicht mit den vielen wundervollen Drachenwesen verwechseln, die seit dem Niedergang der Königshäuser von den Andromedanern ausgebildet wurden, um die bösen Draconier zu bekämpfen, als Wächter und Beschützer der Welten. Von ihnen gibt es sehr viele in Andromeda. Diese guten Drachen sind den Andromedanern schon lange treu ergeben, freundlich, liebevoll und intelligent. Sie leben in Frieden und Harmonie mit ihnen.

Es sind gute Drachen, die alles dafür geben, die Andromedaner und alle freiheitsliebenden Wesen in der Galaxis zu beschützen. Sie haben die Andromedaner immer beschützt vor den bösen Draconiern, die stark sind und sehr gefährlich werden können, sagt Mai'Medanaa. Einige Drachen von Andromeda befinden sich auch auf der Erde, um uns beizustehen, sagt sie. Mai'Medanaa kennt die meisten sehr gut, und sie haben ihr versprochen, uns zu helfen. Wir können ihnen vertrauen. Sie sind lichtvoll und freundlich, sie werden uns niemals im Stich lassen, versichert sie mir. Später wird sie uns mehr von den Drachen erzählen.

## Die guten Draconier und der Erwachensprozess

Mai'Medanaa sagt, dass es auch gute Draconier gibt, weil sich einige von ihnen positiv zu verändern begannen, nachdem sie sich in ihrer negativen Energie ausgetobt hatten. Sie waren früher die gefährlichsten und angriffslustigsten Wesen, die man sich nur vorstellen kann. Im Anschluss an ihre heftige kriegerische Entwicklungszeit beruhigten sich manche von ihnen jedoch und wurden zu Draconiern, die man als gut bezeichnen kann. Andere hingegen blieben bösartig, weil sie sich nicht weiterentwickeln konnten.

Im Allgemeinen sind Draconier zwölf Meter groß und wiegen zwischen fünfzehn und zwanzig Tonnen. Sie sind sehr stark und clever und sehen wie enorm gefährliche Drachen aus. Ihre Schuppen sind hart wie Stahl und ihre Krallen tödlich. Ihr Atem ist wie Feuer und ihre Augen leuchten in der Dunkelheit. Sie sind äußerst angsteinflößend, schnell reizbar und unberechenbar. Im Kampf stoßen sie eine Flüssigkeit aus, die so heiß und gefährlich wie glühende Lava ist. Diese Eigenschaften setzen sie jetzt aber nur noch zu ihrer Verteidigung oder zum Schutz ihnen anvertrauter Wesen ein.

Gute Draconier, die ein durchaus angenehmes Naturell an den Tag legen, sind freundlich und haben ihren Stolz nicht verloren. Mai'Medanaa sagt, dass man ihre bösen Weggefährten nur noch selten in unserer Zeitlinie findet, weil sie sich in andere Dimensionen und Welten zurückgezogen haben. Sie sagt, man könne deshalb von Glück reden, denn schon mit den guten Draconiern ist es nicht einfach auszukommen.

Aber wie gesagt, es gibt auch freundliche Drachen, die keine Draconier sind. Ihre Heimat ist die aktuelle Zeitlinie des Andromedanebels. Von ihnen wird noch zu berichten sein. Mai'Medanaa kennt sie gut und hat mit ihnen zusammengearbeitet. Sie sind sehr liebevoll und helfen den Andromedanern bei der Wahrung des Friedens in der Galaxis.

Mai'Medanaa sagt, dass Andromeda sich nach dem großen Erwachensprozess mit dem kosmischen Herzchakra verband. Es trägt eine äußerst hohe Frequenz, die das Herz öffnet und das Bewusstsein anheben kann. Man spürt die Energie, wenn man in den Himmel schaut. Wer sich mit dieser Energie verbindet, empfindet Einheit und bedingungslose Liebe. Mai'Medanaa rät, nach dem Andromeda-Sternbild am Himmel zu suchen und es einmal auszuprobieren. Du wirst es in deiner Seele fühlen. Vielleicht erhältst du Führung von deinem Höheren Selbst oder deinen Geistführern. Nimm dir etwas Zeit, um zur Andromeda-Galaxis aufzuschauen und zu sehen, welche besondere Verbindung du mit ihr herstellen kannst.

Wir werden später in diesem Buch dein Herzchakra mit dem kosmischen Herzchakra verbinden.

# 2

# Mai'Medanaa von den Kosmischen Schwestern

Jetzt möchte ich dich gerne mit Mai'Medanaa bekannt machen. Sie ist eine der Kosmischen Schwestern, die sich im Laufe der Zeit bei mir vorgestellt haben. Sie stammt aus der Andromeda-Galaxis und steht für das kosmische Herzchakra. Sie trägt großes Wissen über das galaktische Astralfeld in sich und kann neue Dimensionen öffnen.

Der Galaktische Rat der Föderation hat sie auserwählt und gründlich ausgebildet, damit sie die Menschen auf der Erde unterstützt. Sie ist fast zwei Meter groß, schlank und sehr schön. Ihr langes blau-türkises Haar fällt locker über ihre Schultern, und ihre wasserblauen bis grünlichen Augen, die voller Weisheit strahlen, harmonieren ganz hinreißend mit ihrer in einem sanften Grün schimmernden Hautfarbe. Ihr Blick ist wissend, tief und beruhigend. Ihr Alter beläuft sich auf etwa 1.100 Jahre. Sie ist sehr liebevoll und weise und trägt das interstellare Wissen von Andromeda in sich. Ihren Kopf krönt ein Reif aus galaktischen Kristallblumen, der für ihre Verbindung zu dieser Galaxis steht. Gekleidet ist sie in ein luftiges weißes Gewand aus feinster

Baumwolle, das unter der Brust von einem goldenen Gürtel gehalten wird. Der Saum des Kleides ist mit goldenen Bordüren eingefasst und schwingt sanft, wenn sie läuft. Sie hat eine starke Energie und strahlt eine Aura des Friedens aus. Sie liebt es zu singen, und ihre Stimme ist zutiefst beruhigend.

Mai'Medanaa ist ein Wesen von großem Mitgefühl. Sie hat eine ganz bezaubernde Art und möchte nur das Beste für uns. Wenn sie mit jemandem in Kontakt kommt, spürt dieser sofort ihre große Liebe und ihr Wissen. Sie ist hier, um uns zu helfen, unseren Planeten und unsere Spezies zu heilen. In den riesigen Bibliotheken von Andromeda gibt es viele energetische Bücher über unser Universum und seine Bewohner. Mai'Medanaa hat sie alle energetisch gelesen und ist begierig darauf, dieses Wissen mit uns zu teilen. Die Bücher sind Bestandteile der Akasha-Chronik, und sie sagt, in ihnen steht vieles, was für uns wichtig ist. Sie ist eine wahre Kosmische Schwester und wird auch dein Leben bereichern.

Jede der Sieben Kosmischen Schwestern ist einem Chakra zugeordnet, auch Mai'Medanaa. Bei ihr ist es das Herzchakra. Sie ist mit dem kosmischen Herzchakra verbunden, das sich im Zentrum der Andromeda-Galaxis befindet. Dieses Chakra ist verantwortlich für die Liebe und das Mitgefühl, die zwischen allen Wesen in dieser Galaxis fließen. Es ist außerdem für die Verbindung aller Wesen mit der Quelle verantwortlich. Wenn wir uns mit Mai'Medanaa verbinden, verbinden wir uns mit diesem galaktischen Chakra und empfangen seine Energien der Liebe und des Mitgefühls. Sie kann uns helfen, unser menschliches Herzchakra mit dem kosmischen Herzchakra zu verbinden und mit ihm zu verschmelzen.

Mai'Medanaa ist ein sehr bedeutendes Wesen, nicht nur für die Andromeda-Galaxis, sondern für das ganze Universum. Ihre Aufgabe ist es, andere daran zu erinnern, wer sie sind, und sie entsprechend auszubilden. Deshalb ist sie zur Erde gekommen, damit wir den Übergang leichter hinbekommen. Ihre Ausbildung war sehr hart, aber sie hat sie mit Bravour gemeistert. Jetzt ist sie eine Lehrerin der neuen Galaktischen Ordnung und eine Expertin für interstellare Ordnung. Sie arbeitet eng mit dem

Galaktischen Rat der Förderation zusammen und hilft uns hier auf der Erde, uns an unsere wahre Identität als Bürger des Universums zu erinnern, denn nur vor diesem Hintergrund können wir eine Neue Welt erschaffen, die auf Liebe, Mitgefühl und Respekt für alles Leben beruht.

Mai'Medanaa ist ein ganz besonderes Wesen, und ich fühle mich sehr geehrt, dass ich sie dir vorstellen durfte.

## Deine Kontaktaufnahme mit Mai'Medanaa

Mai'Medanaa ist sehr mächtig. Sie öffnet und heilt durch ihre Erscheinung die Herzen der Menschen, mit denen sie in Berührung kommt. Ihre kosmische Aufgabe ist es, das Herzchakra aller Menschen zu unterstützen und Liebe in ihr Leben zu bringen. Sie wird uns in der bedingungslosen Liebe schulen und unser Herzchakra mit dem kosmischen Herzchakra verbinden. Dies wird eine intensive Erfahrung für uns alle werden.

Sie nickt, während ich das hier schreibe, und lächelt mir wissend zu. Sie sagt, sie wird auch mit dir Kontakt aufnehmen, indem sie dir in deinen Träumen erscheint oder dir bestimmte Zeichen schickt. Selbst wenn du noch keine Erfahrung im Kontakt mit der außerirdischen Menschheit hast, versichert sie mir, wird es dir ein Leichtes sein, ihre Botschaft wahrzunehmen. Also vertraue einfach und sei gespannt, was du beim Lesen dieses Buches erspüren wirst.

Mai'Medanaa sagt, sie wird uns alle zu den Geheimnissen des Universums führen und uns helfen, unsere wahre Bestimmung in unserem Leben zu finden. Wir tauchen mit ihr tief in die Dimensionen ein, bis in die 24. Dimension, und erhalten großartige Einblicke in die Energien der Portaltage.

Mai'Medanaa wird uns lehren, belastende Energien auf unserem Lebensweg mit dem Andromeda-Lichtstrahl zu entfernen, und sie wird uns im Dimensions-Channeling unterrichten. Sie sagt, dass all dies gar nicht so schwer ist, wie es zunächst den Anschein haben mag, weil sie unsere Energie anheben wird, damit wir alles leichter lernen können.

Damit du ihre Energie und ihr feines Wesen besser spüren kannst, wird sie sich jetzt mit ihrer ersten Botschaft vorstellen und dich gleich willkommen heißen.

*Lies hier die erste Botschaft von Mai'Medanaa …*

## Begrüßung durch Mai'Medanaa

Geliebte Wesen der Erde und liebe Menschheitsfamilie!

Ich begrüße euch mit dem Segen des Lichts von Andromeda. Ich bin Mai'Medanaa, eine der Sieben Kosmischen Schwestern. Ich bin deine spirituelle Lehrerin, und ich komme mit Liebe, Hingabe und Wertschätzung zu dir. Wir gehören zu ein und derselben Familie zwischen den Sternen und sind durch das Licht unserer kosmischen Herzen verbunden.

Andromeda ist eine große Galaxis, erfüllt von viel Sternenlicht und Weisheit. Die Wesen, die dort leben, sind hochentwickelte Lichtwesen, die dir gerne helfen und dich führen möchten. Sie haben mich gebeten, zu dir zu sprechen, weil ich eines dieser Lichtwesen bin und zugleich euch Menschen sehr gut kenne. Wir möchten dir das Kosmische Wissen von Andromeda mitteilen, weil wir euch Menschen sehr nahestehen. Wir lieben euch, stehen euch bei und wollen euch helfen. Wir wissen, dass die Menschen gerade eine schwierige Zeit durchmachen. Es gibt viele Veränderungen auf eurem Planeten, und es ist nicht leicht für euch, sich darin zurechtzufinden. Wir beobachten das turbulente Geschehen auf der Erde und sind in der Nähe, um eingreifen zu können falls nötig.

Das Kosmische Wissen von Andromeda, das euch auf diesen Seiten zugetragen wird, soll euch helfen, euch selbst besser zu verstehen. Es soll euch helfen, euren Platz im Universum zu finden. Wir teilen sehr gerne unsere Weisheit mit euch und unterstützen alle, die dies möchten, auf ihrem Weg der Bewusstseinserweiterung. Wir lieben die Menschen und sind immer für sie da. Ihr seid niemals allein! Wir sind eine große Familie zwischen den Sternen und mit euch durch das Licht der Liebe des All-Einen verbunden.

Ich freue mich so sehr, dir das Kosmische Wissen von Andromeda zur Verfügung stellen zu dürfen.

*Und gleich im Anschluss daran erhielt ich eine weitere Botschaft von ihr …*

## Mai'Medanaas kosmische Aufgabe

Ihr geliebten Menschen,

ich, Mai'Medanaa, begrüße euch alle ganz herzlich und besonders dich, der du dies liest, mit dem Segen des Lichts. Ich, die Kosmische Schwester von Andromeda, möchte mich und meine Aufgabe gerne vorstellen, denn ich wurde eigens dafür ausgebildet, dich zu schulen und dir zu dienen. Ich bin hier, um dich in deiner Entwicklung zu unterstützen und vollkommene Liebe in dein Leben zu bringen. Meine Energie ist sehr intensiv und rein. Sie kommt direkt aus dem Herzen des Universums und der Quelle, mit der alles verbunden ist. Ich wurde geschult, um Menschen wie dir zu helfen, ihr Herz zu öffnen und die

Liebe zu spüren, die in jedem von euch ist. Erlaube mir, in dein Herz zu kommen und es mit Licht, Liebe und Weisheit zu erfüllen. Es ist mein größter Wunsch, dass ihr alle den Weg zurück zur Quelle und zu eurer wahren Natur findet. Ich wünsche mir, dass ihr die vollkommene Liebe des Universums und des All-Einen spürt – auch du!

Ich bin Mai'Medanaa und stehe für das Herzchakra aller Menschen. Meine Aufgabe ist es, Liebe in euer Leben zu bringen. Dazu erscheine ich euch in euren Träumen. Meine Aufgabe ist es auch, dich in die Geheimnisse des Universums einzuführen und dir zu helfen, deine wahre Lebensaufgabe zu finden. Wir werden zusammen in die 24. Dimension eintauchen und tiefe Einblicke in die Energien des Universums erhalten. Ich werde dir beibringen, wie du mit dem Andromeda-Lichtstrahl hinderliche Energien auf deinem Lebensweg entfernen kannst, und dich im dimensionalen Channeling anleiten.

Wenn du mit mir in Kontakt treten willst, rufe einfach drei Mal meinen Namen. Ich werde dir dann Zeichen schicken. Du kannst auch über meinem Bild meditieren, das du auf dem Bucheinband findest, und so meine Gegenwart spüren. Ich freue mich darauf, dich und alle anderen Menschen, die ihr Bewusstsein erweitern, zu treffen, und heiße euch mit offenen Armen willkommen. Fühle den Segen des Lichts, der dich berührt und eine kosmische Verbindung zwischen uns entstehen lässt, die so lange andauert, wie du möchtest.

Ich sende dir nun meine Herzensenergie direkt in deine Seele, damit du mich fühlen kannst. Lass dir ein wenig Zeit und erlaube dir, meine Liebe zu spüren, während unser Licht sich miteinander verbindet. Du bist jetzt Teil der großen kosmischen Familie von Andromeda, und ich, Mai'Medanaa, heiße dich herzlich dazu willkommen, mit meiner Unterstützung die Andromeda-Schule zu genießen. Ich sende dir den Segen des

Lichts, wie wir es immer tun, und freue mich auf alles, was kommt. Wir alle sind bei dir, und das Licht von Andromeda fließt in dein Herz. Du bist so unendlich geliebt.

*Nach diesen einleitenden Worten über ihre Aufgabe bei uns Menschen dauerte es nicht lange, bis Mai'Medanaa erste heilerische Informationen an mich weitergab …*

## Der Lichtstrahl von Andromeda

Geliebtes Mitglied der Menschheitsfamilie!

Ich begrüße dich mit dem Licht des Segens voller Freude und in der gleichen Energie, die uns auf Andromeda erfüllt, wenn wir uns dort gegenseitig begrüßen.

Ich, Mai'Medanaa, komme aus dieser Galaxis zu dir, um für dich und mit dir neue Dimensionen zu öffnen und zu bereisen. Ich werde dich einladen, verschiedene Dimensionen zu besuchen, die für dich wichtig sind. Du wirst interstellare Erfahrungen machen, wie du sie dir niemals hättest vorstellen können. Sei gewiss, dass du von uns gut geschützt wirst und dass alles, was geschieht, zum allerhöchsten Wohle deiner Entwicklung und Bewusstseinserweiterung ist.

Ich werde mich um dich kümmern, denn ich wurde für diese Aufgabe ausgebildet. Ich werde dir zeigen, wie das Dimensions-Channeling geht. Durch diese Art des Channelns kannst du dich mit den Wesen höherer Dimensionen verbinden und wirst von ihnen Botschaften erhalten. Dazu wird ein bestimmter Kanal in deinem Energiesystem geöffnet, durch den du die Sprache der lichten Wesen leichter verstehst. Im Universum gibt es verschiedene Lichtsprachen, und es ist sehr hilfreich für dich, wenn du deine Lichtfrequenz darauf einstellen kannst.

Wie das geht, werde ich dir später zeigen.

Auf Andromeda gibt es einen bestimmten Lichtstrahl, der in bunten Farben leuchtet. Ich werde dich mit diesem Lichtstrahl in Verbindung bringen, so dass du – wenn du dies möchtest – mit ihm verschmelzen kannst.

Der Lichtstrahl ist sehr wichtig für die Entwicklung deines Bewusstseins und die Öffnung neuer Dimensionen. Er bildet die Grundlage dafür, dich mit verschiedenen Lichtwesen verbinden und Botschaften von ihnen empfangen zu können.

Du kannst diesen Strahl auch nutzen, um deinen Körper zu heilen, denn er hat eine sehr hohe Schwingung. Seine Energie wird Andromeda-Energie genannt und ist verfügbar für alle, die von Mai'Medanaa ausgebildet werden.

Nach deiner Ausbildung kannst du diesen Energiestrahl auf jede Weise und für jeden Zweck verwenden, den du möchtest. Du kannst ihn auch an andere Menschen schicken, wenn du ihnen helfen willst. Ich bin sicher, dass dieser Lichtstrahl für dich von großem Nutzen sein wird und euch Menschen bei eurer weiteren Entwicklung hilft.

Dankbarkeit erfüllt mich, dass ich mich mit dir verbinden darf, und das tiefe Wissen, dass diese Energie euer aller Leben bereichert. Es ist mir eine große Ehre, mit dir gemeinsam wirken zu dürfen.

Empfange jetzt den Segen des Lichts, der sich wie ein goldener Schutz um dich legt. So sei es!

*Mai'Medanaas Energie erfüllte mich ganz und gar, als sie diese Mitteilungen machte. Ich empfand Glück, und ohne dass ich dafür Worte hatte, wusste ich bereits, dass sie uns zu Energieträgern von Andromeda machte – zu gesegneten Trägern eines ganz besonderen Segens. Kurz danach brachte sie es in ihrer nächsten Botschaft zum Ausdruck …*

# Werde ein Energieträger von Andromeda

Seid gegrüßt, liebe Menschen und Reisende des Kosmos!

Ich überbringe euch den Segen des Lichts. Ich, Mai'Medanaa, eine Kosmische Schwester, komme aus der großen Galaxis Andromeda zu euch, um eure Energie zu erhöhen und euer Bewusstsein anzuheben, sodass ihr zu Energieträgern unserer Galaxis werden könnt. Dies geschieht nur mit eurem Einverständnis. Überbringe mir dein Einverständnis mit einem inneren Ja, mein Licht wird es annehmen und dich führen. Es ist eine große Ehre, als Energieträger für Andromeda zu dienen, und ich weiß, dass viele von euch diese Herausforderung gerne annehmen werden. Also lasst uns beginnen!

Um Energieträger zu werden, bedarf es eines reinen Herzens und eines ausgedehnten Bewusstseins.

Eine solche Ausdehnung erlangt man durch Meditieren und das Anhören von Frequenzmusik. Aus diesem Grund haben wir den galaktischen Chor von Andromeda eingeladen, euch während der Botschaft mit den vielfältigen hochfrequenten Tönen von Andromeda zu besingen. Bereits in diesem Moment umschmeichelt euch ein Klangteppich von Sphärengesängen voller Liebe, der euch energetisch anhebt und trägt.

Spürst du den besonderen Lichtstrahl aus Andromeda bereits? Wir haben dich schon in unserer vorigen Mitteilung damit bekannt gemacht. Mit ihm vollziehen wir Einweihungen. Es ist ein sehr mächtiger Lichtstrahl, der viele Farben besitzt und in den unendlichen Nuancen unserer Galaxis schimmert. Wir werden ihn für dich verstärken.

Es beginnt nun, dass er durch deine Chakren fließt. Das reinigt deine Chakren, sie werden dadurch frei und dehnen sich aus und können noch leichter Energie aus Andromeda aufnehmen. Spürst du diese Energie? Nimmst du wahr, wie sie deine

Emotionen reinigt und Verletzungen heilt? Und jetzt wenden wir uns deinem mentalen Feld zu. Wir klären kraft dieses Lichts deinen Geist und heben deine Energie auf das nächste Level an. Danach reinigt der Strahl deine DNA und erweitert sie, damit du weiteres Licht empfangen kannst. So wirst du in die Lage versetzt, dich auf einer noch tieferen Ebene mit der Andromeda-Galaxis zu verbinden. Spüre, wie diese Energie dich berührt, wie sie dein Herz öffnet und deine Seele trägt.

Spüre, wie sich dank des Lichtstrahls deine Aura zunehmend stabilisiert und immer weiter ausdehnt. So kann sie den hohen Energien von Andromeda standhalten.

Nun bist du bereit für die große Anhebung deiner Energie auf die 10. Dimension. Wir lassen deinem System etwas Zeit, um diese Energie zu fühlen und sich anzupassen. Alles geschieht zum höchsten Wohle aller. Das Licht schließt dich energetisch an die 10. Dimension an. Du bist jetzt ein Energieträger von Andromeda. Halte die hohe Frequenz so lange, wie du dies willst. Nutze diese Energie, wenn du dich unwohl fühlst oder mehr Licht brauchst. Die Andromeda-Energie steht dir stets zur Verfügung. Du kannst jetzt spüren, wie sie durch dein System fließt und dich mit Licht füllt. Du bist jetzt ein Teil der großen galaktischen Familie von Andromeda. Du bist mit allen Wesen von Andromeda verbunden und kannst jederzeit Hilfe und Unterstützung von uns erhalten.

Genieße die Energie, denn sie ist jetzt – solange du dies willst – ein Teil von deinem Leben. Sie wird es dir leichter machen, durch die Zeit des großen Wandels zu gehen und den Übergang in die fünfte Dimension zu schaffen.

Wenn es so weit ist, wird dich der Lichtstrahl von Andromeda mühelos in die fünfte Dimension tragen. Alles, was du tun musst, ist dich zu entspannen und loszulassen, denn alles geschieht voller Achtsamkeit und Liebe.

Empfange nun den Segen des Lichts ein weiteres Mal und fühle dich unendlich geliebt. Du bist jetzt ein wichtiger Teil der Andromeda-Galaxis, und wir sind dankbar, dass du dich mit uns verbunden hast. Vielen Dank für dein Licht und deine Liebe für alle Menschheitsvölker.

*Mai'Medanaa sagt, jetzt, da du ein Energieträger von Andromeda bist, solltest du dein menschliches Bewusstsein an das galaktische Bewusstsein anpassen. Das hat mich sehr erstaunt. Was sie damit genau meint, habe ich erst nach vielen medialen Gesprächen mit ihr richtig verstanden …*

## Vorbereitung auf das galaktische Bewusstsein

Das Universum um uns herum ist ein enorm faszinierendes Wunderwerk und höchst komplex. Es gibt darin unzählige Geheimnisse, die darauf warten, enthüllt zu werden. Aber wie können wir diese Geheimnisse erkennen und sie uns erschließen? Mai'Medanaa, die Kosmische Schwester von Andromeda, ist eine galaktische Bewusstseinslehrerin und hat viele Antworten und Übungen für uns bereit. In diesem Buch hilft sie uns, die Geheimnisse des Universums besser zu verstehen, indem sie uns auf das galaktische Bewusstsein vorbereitet.

Das Universum ist in verschiedene Strukturen aufgeteilt. Es gibt Galaxien, Sonnensysteme, Planeten und Monde. Mai'Medanaa wird uns Anleitungen geben, die einzelnen Strukturen und die Art, wie sie miteinander verbunden sind, besser zu verstehen. Sie wird uns über die verschiedenen Energien im Universum aufklären und uns zeigen, wie wir sie zu unserem Vorteil nutzen können. Wir werden auch erfahren, wie wichtig Absicht und Fokus sind, um zu manifestieren und zu erschaffen, was wir im Leben für uns erwarten.

Die Kosmische Schwester Mai'Medanaa wird dir Informationen übermitteln, die dir helfen, dich selbst und das Universum um dich herum auf einer viel tieferen Ebene zu erfahren. Wenn du bereit bist, die Geheimnisse des Universums kennenzulernen, können wir die erste Übung machen.

*Jetzt spricht Mai'Medanaa in einem Channeling direkt zu dir und aktiviert dein galaktisches Bewusstsein. Genieße ihren energetischen Zustrom ...*

## Empfange die galaktische Bewusstseinsebene

Sei gegrüßt, lieber Mensch!

Ich, Mai'Medanaa, die Kosmische Schwester von Andromeda, sende dir den Segen des Lichts von Andromeda. Voller Freude sehe ich deine Lichtstruktur und werde sie, wenn du dies erlaubst, jetzt reinigen und ausdehnen, um sie an die galaktische Ebene des höheren Bewusstseins anzupassen. Das ist möglich, weil du ein erstaunliches Wesen mit einem großen Bewusstseinspotenzial bist. Du bist nicht durch deinen physischen Körper begrenzt, sondern nur durch deine Überzeugungen. Dein Glaubenssystem bestimmt deine Realität. Wenn du glaubst, dass du begrenzt bist, dann bist du auch begrenzt. Aber wenn du deinen Geist öffnest und dein Bewusstsein erweiterst, dann ist alles möglich.

Ich werde nun deine Lichtstruktur energetisch reinigen. Dies geschieht über den besonderen Lichtstrahl von Andromeda. Ich sende dir diesen Lichtstrahl, und er berührt deine Lichtstruktur.

Es ist wie eine Lichtdusche, die alle alten Glaubenssätze und Muster, die dir nicht mehr dienlich sind, abwäscht. Dieses Licht erweitert auch dein Bewusstsein, so dass du mehr Informationen aus den höheren Dimensionen empfangen kannst.

Du bist jetzt bereit, die galaktische Bewusstseinsebene zu empfangen. Das ist eine sehr hohe Energiefrequenz, die deine Schwingung anhebt und dein Bewusstsein erweitert. Vielleicht spürst du gerade beim Lesen ein Kribbeln in deinem Körper oder du siehst Farben und Bilder, die du noch nie zuvor gesehen hast. Entspanne dich einfach und lass los. Das Wichtigste ist, dass du die Absicht hast, diese hohe Energiefrequenz aus Andromeda zu empfangen. Wenn du nicht die Absicht hast, sie zu empfangen, wird sie nicht in dein Feld eindringen können. Alles geschieht so, wie es gut für dich ist.

Ich gebe dir eine wenig Zeit, um zu genießen, was gerade geschieht. Die galaktischen Farben des Lichtstrahls von Andromeda berühren deine Seele und erinnern dich daran, dass du viel mehr bist als ein Mensch. Lass alles geschehen, was gerade geschieht, und begrüße die Energieerhöhung voller Freude, denn du wirst darauf vorbereitet, Großes zu erfahren. Die hohen Energien werden in deiner Aura und deinem Lichtkörper verankert. Ich tue dies für dich in großer Achtsamkeit. Und jetzt … Jetzt stehen diese Energien dir zur Verfügung und helfen dir, dich daran zu erinnern, wer du wirklich bist. Sie helfen dir auch dabei, deine Realität nach deinen Wünschen zu gestalten. Du hast die Macht, alles zu erschaffen, was du willst, und es wird dir jetzt leichter fallen denn je. Konzentriere deine Gedanken einfach auf das, was du dir am meisten wünschst, und es wird sich in deinem Leben manifestieren.

Der Grundstein für dein galaktisches Bewusstsein wurde damit gelegt. Empfange den Segen des Lichts. Ich, Mai'Medanaa, werde dich weiter begleiten.

# 3

# Das kosmische Herzchakra

Der Kosmos, das gesamte Universum, besteht aus sieben Hauptenergien, die auf sämtlichen Planeten, Sternensystemen und Galaxien anzutreffen sind. Jede der Sieben Kosmischen Schwestern, die aus einem bestimmten Sternensystem stammen, steht für eine dieser Energien und wird uns anleiten, eine kosmische Verbindung zu ihrer Energie einzugehen. Es sind Energien, die sich unseren sieben Chakren zuordnen lassen, so dass sich der Kosmos mit seinen sieben Hauptenergien als eine größere Version unseres Chakrasystems erweist.

Bei den Andromedanern findet sich besonders vorherrschend die Herzenergie des vierten Chakras. Das Herzchakra ist das Zentrum unserer Emotionen und auch der Sitz unserer Seele. Wenn wir uns mit dieser Energie verbinden, verbinden wir uns mit unserem Höheren Selbst und erhalten Führung von unserer Seele. Wir können über das Herzchakra auf die Weisheit der Jahrhunderte und das Wissen des Universums zugreifen. Wenn wir das kosmische Herzchakra mit unserem eigenen Herzchakra verbinden, beginnen wir, ein Gefühl für das Einssein mit dem

Universum zu entwickeln, und erfahren eine tiefe Verbindung mit allem Leben. Das kann eine sehr tiefgehende Erfahrung sein, die dazu beiträgt, dass wir uns mit der Welt um uns herum völlig im Einklang fühlen.

Mai'Medanaa wird uns helfen, diese Verbindung in aufzubauen und uns zu stärken.

Wie gesagt, die Andromeda-Galaxis und ihre Bewohner tragen die Energie des kosmischen Herzchakras in sich. Das kosmische Herzchakra wiederum ist mit einem zentralen Ort in unserer Galaxis, der Milchstraße, verbunden, der auch als Große Zentralsonne bekannt ist. Jede Galaxis weist einen solchen Ort auf. Es ist der Ort, an dem alles Leben im Universum in eins geht und man die Liebe des All-Einen besonders intensiv spürt.

Mai'Medanaa sagt, wenn es uns gelingt, uns mit diesem Ort zu verbinden, wofür die Energie des Herzchakras unerlässlich ist, wenn wir uns also durch dieses Chakra mit jenem zentralen Ort – der Großen Zentralsonne – verbinden, sind wir mit allem Leben im Universum verbunden. Sie sagt, wir empfinden dann ein Gefühl der Einheit und Verbindung mit Allem-was-ist, das sich mit menschlichen Worten nicht beschreiben lässt. Mai'Medanaa selbst ist Expertin für die Verbindung des kosmischen Herzchakras mit unserem eigenen Herzchakra. Sie wurde in dieser Energie seit unzähligen Jahren ausgebildet und weiß, welche transformierende Kraft es im Leben der Menschen haben kann.

Mai'Medanaa wird uns eine Übung für das kosmische Herzchakra schenken und uns durch eine Botschaft in das Geheimnis dieser Verbindung einweihen. Dadurch bekommen wir Gelegenheit, unser Herzchakra zu heilen. Sie sagt, je heiler unser viertes Chakra ist, desto tiefgehender können wir mit dem kosmischen Herzchakra arbeiten. Sehr häufig finden wir Themen in unserem Herzchakra, die wir noch nicht verarbeitet haben. Vielleicht sind wir in der Vergangenheit von jemandem verletzt worden und ha-

ben ihm noch nicht verziehen. Oder wir halten an Schmerzen aus dem aktuellen oder einem früheren Leben fest. Diese Themen, diese Verletzungen, können es uns schwer machen, unser Herz vollständig zu öffnen und die Liebe des All-Einen zu empfangen. Sie können es uns auch schwer machen, uns der Liebe hinzugeben. Wurden wir in der Vergangenheit emotional verletzt, haben wir vielleicht Angst, wieder zu lieben. Aber Mai'Medanaa sagt, dass die Liebe des All-Einen immer für uns da ist und darauf wartet, unsere Herzen zu heilen. Sie sagt, dass uns der All-Eine unablässig ruft und wir, die Menschen, seinen Ruf oft gar nicht wahrnehmen. Aber je mehr das Herzchakra geheilt ist, desto intensiver werden wir den Ruf hören.

*Wenn du bereit dazu bist, sagt Mai'Medanaa, kann sie jetzt eine tiefe Heilung deines Herzchakras ermöglichen, das eine Voraussetzung dafür ist, um dich mit dem kosmischen Herzchakra zu verbinden. Dazu gibt sie dir die folgende Übung durch und wünscht dir eine wundervolle Erfahrung …*

## Das Erwachen der Goldenen Sonne in dir

Geliebtes Mitglied der Menschheitsfamilie!

Ich, Mai'Medanaa, begrüße dich, ich begrüße jeden Einzelnen von euch, mit dem Segen des Lichts von Andromeda in tiefer Freude. Du hast jetzt die Möglichkeit, in dieser Übung eine große Heilung zu erfahren. Ich bin so glücklich, bei dir zu sein und die Gelegenheit zu haben, dein Herzchakra mit dir zu heilen. Je mehr dein viertes Chakra geheilt ist, desto tiefer wird deine Verbindung zum kosmischen Herzchakra sein. Wenn du dazu bereit bist, gib mir bitte ein inneres JA. Ich werde dieses JA fühlen und dich führen.

Lege nun beide Hände auf dein Herzchakra und nimm einige tiefe Atemzüge. Stell dir bei jedem Einatmen vor, dass das Licht von Andromeda in dein Herzchakra fließt, und lass bei jedem Ausatmen alles los, was nicht der Liebe angehört. Atme das Licht von Andromeda ein und atme alle Verletzungen, Schmerzen, Wut, Ressentiments und Ängste aus. Atme auf diese Weise weiter, bis du spürst, dass dein Herzchakra sich immer mehr mit dem Licht von Andromeda füllt. Atme dieses Licht ein und lass es durch dein ganzes Wesen fließen.

Und nun spüre, wie die Liebe des All-Einen fortwährend in dich hineinströmt und dich ganz erfüllt. Dies ist die Liebe, die niemals versagt, die immer vergibt und die immer das Gute in dir sieht. Dies ist die Liebe, die dich jetzt heilt.

Lass jegliche alten Verletzungen hochkommen und übergib sie dem All-Einen. Lass dir dazu genügend Zeit und bleib ganz in der Liebe des All-Einen. Die Liebe des All-Einen wird dich nie verlassen, sie wird immer für dich da sein. Große Heilung geschieht jetzt in diesem Augenblick für dich. Lass diese Heilung zu und lass dich in die heilenden Energien des All-Einen fallen. Öffne dich, soweit es dir möglich ist.

Nimm noch ein paar tiefe Atemzüge und spüre, wie dein Herzchakra jetzt ganz mit der Liebe des All-Einen angefüllt ist und dich ausgleicht und trägt. Spüre die heilenden Energien und spüre, wie die Goldene Sonne in dir erwacht und sich ausdehnt, dich schützt und trägt.

Du kannst jetzt alle alten Verletzungen, Schmerzen und Ängste loslassen. Du spürst deine Größe und Kraft, die golden in dir erstrahlt. Du bist ein mächtiges Schöpferwesen.

Die Liebe des All-Einen ist immer bei dir.

Du bist sicher. Du bist geliebt.

Und nun lass diese Liebe, von der du erfüllt bist, diese Goldene Sonne, in die Welt hinaus fließen. Schicke sie zu denen, die sie am meisten brauchen, um das Licht auf der Erde weiter zu unterstützen und auszudehnen. Du bist ein großartiges Wesen der Liebe, und deine persönliche Heilung erhöht die Energie der Erde ein weiteres Mal.

Heilung geschieht in dir und durch dich, und jetzt bist du bereit, das kosmische Herzchakra zu empfangen.

Ich, Mai'Medanaa, bedanke mich bei dir für dein Vertrauen. Es ist mir eine Ehre, mit dir für das Licht zu wirken. Empfange den Segen des Lichts von Andromeda und kehre langsam wieder in deine vertraute Umgebung zurück. Bewege Hände und Füße und sei wieder ganz im Hier und Jetzt.

*Mai'Medanaa sagt, dass du gerade eine große Herzheilung erfahren hast, und alle, die den Energien dieser großen Herzheilung ein wenig Zeit geben möchten, sollten nun eine kleine Pause einlegen. Entspanne dich. Die heilenden Energien suchen sich ihren Weg durch deinen Körper und deine Aura, um sie ganz zu erfüllen, und das kann manchmal ein wenig dauern. Du kannst auch deine Geistführer und Engel bitten, dich bei der Integration dieser Energien zu unterstützen. Sie werden dir gerne helfen.*

*Bitte gib mir ein inneres JA, sobald du bereit bist weiterzumachen und die Einweihung in das kosmische Herzchakra zu empfangen. Ich werde dann dein Herz berühren und dir die heiligen Worte der Einweihung überbringen.*

## Einweihung in das kosmische Herzchakra

Geliebtes Mitglied der Menschheitsfamilie!

Ich begrüße dich mit dem Segen des Lichts von Andromeda. Voller Freude und Achtsamkeit will ich dich unterweisen und dabei unterstützen, dein Herzchakra auf eine höhere Stufe anzuheben. Du bekommst von mir eine Einweihung in das kosmische Herzchakra. Von diesem Tag an kannst du dich mit ihm verbinden, wann immer du willst.

Konzentriere dich jetzt auf deine innere Mitte und atme einmal tief ein und aus. Entspanne dich. Erlaube dir, dich in die Energie des Kosmos zu versenken.

Visualisiere eine Lichtsäule, die von der Großen Zentralsonne durch dein Kronenchakra, durch deinen Körper und in die Mitte deines Herzens hinabsteigt. Spüre, wie diese Lichtsäule dein Herzchakra ausdehnt und dein ganzes Wesen mit der Liebe des All-Einen auffüllt. Erlaube dir, dies ganz tief zu fühlen, und entspanne dich so tief, wie es dir möglich ist.

Spüre nun, wie die kosmische Kraft der Liebe sich in deinem ganzen Körper ausdehnt und dich in deiner Energie anhebt. Versuche, in dieser wundervollen Energie zu bleiben, während ich, Mai'Medanaa, die Einweihung für dich vollziehe.

Stell dir vor, dass du im Zentrum des Universums stehst, mitten in einer Lichtsäule, und dass jegliches Leben durch diese Lichtsäule mit dir verbunden ist. Sei dir bewusst, was jetzt geschieht, denn gerade löst sich für dich ein großer goldener Lichtstrahl aus der Zentralsonne. Dieser Strahl erreicht dich und tritt durch dein Kronenchakra ein. Er füllt dein ganzes Wesen mit dem wundervoll sanften Licht des All-Einen. Nun beginnt dieses Licht, sich wie eine Spirale im Uhrzeigersinn zu drehen, immer schneller und schneller. Die Geschwindigkeit nimmt zu, bis du spürst, dass du eins mit diesem Licht bist und ganz davon erfüllt. Du bist das Licht! Und dein Herzchakra verschmilzt mit dem kosmischen Herzchakra.

Du bist jetzt so intensiv mit der Liebe des All-Einen verbunden wie noch niemals zuvor. Du kannst diese Liebe in jeder Zelle deines Körpers spüren. Es ist ein sehr intensives und schönes Gefühl. Erlaube dir, es eine Weile zu genießen, lass dich hineinfallen in diese große Liebe. Fühle, wie alles von dir abfällt, was dich schwach gemacht hat.

Du bist nur noch Liebe. Du bist das All-Eine.

Lass diese Liebe aus dir heraus zu allen Wesen im Universum fließen. Sieh, wie deine Liebe empfangen wird und alle Herzen berührt. Spüre, wie alle Wesen durch diese große Liebe mit dir verbunden sind. Du bist die Brücke zwischen Himmel und Erde, zwischen dem All-Einen und der Welt. Du bist die Liebe, die alles verbindet und heilt.

Und nun lass diese Liebe zu dir zurückfließen und dich wieder auffüllen. Spüre, wie ein Kreislauf der ewigen Liebe beginnt, der dich nährt und stärkt, der alle Wesen, die mit dir verbunden sind, ebenfalls nährt und stärkt. Dies ist die Energie des kosmische Herzchakras, die immer ist und niemals vergeht. Die immer heilt und schützt und durch dich fließt. Fühle deine Bestimmung und wisse, dass du immer mit dem All-Einen verbunden bist, dass du nie allein bist.

Du bist eins mit allem Leben und aller Liebe. Nimm dir jetzt ein wenig Zeit, um einfach mit dieser Energie zu sein und alles zu genießen. Spüre, wie die Energie jetzt dauerhaft durch dich fließt und dich mit Kraft erfüllt und stärkt.

Du bist mit der mächtigsten Energie des Universums verbunden. Und du kannst diese Energie nutzen, um alles zu erschaffen, was du dir vorstellen kannst.

Fühle es einfach und wisse, dass jetzt alles möglich ist.

Du bist das All-Eine!

Ich, Mai'Medanaa, lege nun meine Hände auf dein Herz, um dich zusätzlich mit Andromeda zu verbinden. Spüre die Wellen der Energie, wie sie dich durchströmen und dich fühlen lassen, dass du von uns geliebt wirst. Du wirst so sehr geliebt! Lass diese Liebe durch dich in die Welt hinaus fließen und lass alle Wesen diese Liebe spüren, damit jetzt heilt, was geheilt werden darf. Du bist die Liebe! Du bist das Eine!

Und nun trage ich dich, wenn du es erlaubst, wieder sanft ins Hier und Jetzt zurück. Lass dir ein wenig Zeit, denn die Energien suchen sich ihren Weg in. Wenn du soweit bist, bewege Hände und Füße und sei wieder ganz da.

Ich, Mai'Medanaa, verabschiede mich jetzt von dir mit dem Segen des Lichts und einem Lächeln auf den Lippen.

## Was du noch über das kosmische Herzchakra wissen solltest

Mai'Medanaa sagt, du kannst dich mit dem kosmischen Herzchakra verbinden, wann immer du willst, und sofort wirst du seine Liebe und Kraft empfangen. Wann immer du dich schwach oder verloren fühlst, rufe künftig diese große Liebe an und erlaube dir, mit neuer Kraft und Mut erfüllt zu werden. Die Liebe des All-Einen und die Liebe von Andromeda werden dich immer wieder neu unterstützen.

Du bist nie allein! Und du wirst immer geliebt!

Mai'Medanaa sagt auch, dass es gut wäre, wenn du die vorbereitende Übung zur Herzheilung und die Botschaft mit der Einweihung von Zeit zu Zeit wiederholst, denn je öfter du sie machst, desto mehr werden sie Teil deines Glaubenssystems und verändern dein Leben zum Besseren. Nimm dir also hin und wieder etwas Zeit für dich und verbinde dich mit dem kosmischen Herzchakra. Lass seine Liebe durch dich fließen und dich mit Kraft, Mut und Hoffnung erfüllen.

Und wisse, dass du immer geliebt wirst!

Mai'Medanaa möchte dir versichern, dass du die Wesen auf Andromeda durch die Verbindung zum kosmischen Herzchakra tiefer fühlen und intensiver wahrnehmen wirst als vorher. Sie sagt, du könntest jetzt sogar an der großen Zeremonie der Andromedaner teilnehmen, bei der sie sich mit der Zentralsonne und dem All-Einen verbinden. Dieses Ritual ist eine der höchsten Zeremonien auf Andromeda.

# 4

# Der Andromeda-Lichtstrahl

Hast du manchmal das Gefühl, dass du von negativer Energie heruntergezogen wirst? Oder fällt es dir schwer, positiv zu bleiben, weil du dich ständig von fremden Energien bedrängt fühlst? Die Andromeda-Lichtstrahl-Methode kann dir helfen, dich von belastenden Energien zu befreien und dein Leben in Frieden und Harmonie zu leben. Der Lichtstrahl besteht aus unzählig vielen Farben und ist eine Bündelung aller positiven Energien von Andromeda. Mit seiner Hilfe kannst du negative Energien oder Erschwernisse, die dich daran hindern, deine Ziele zu erreichen, ganz einfach auflösen und positive Energie an ihre Stelle bringen. Er wird von Mai'Medanaa überbracht und trägt eine sehr große Heilkraft. Der Andromeda-Lichtstrahl ist auch als »Lift-off«-Technik bekannt, weil er dir hilft, dich über deine aktuelle Situation zu erheben und eine höhere Bewusstseinsebene zu erreichen.

In diesem Kapitel wird Mai'Medanaa dich in den Lichtstrahl einweihen, damit du ihn jederzeit nutzen kannst. Mit seiner Hilfe wirst du dann in der Lage sein, bei dir selbst oder bei anderen

Menschen fremde Energien zu entfernen. Dies kann an deinem physischen Körper, in deiner Aura, an deinem Dritten Auge oder auf deinem Lebensweg erfolgen. Er ist ein sehr starkes Werkzeug und trägt die enorme Kraft von Andromeda.

*Mai'Medanaa wird jetzt die Einweihung für dich vollziehen und zu dir sprechen …*

## Mai'Medanaa vollzieht die Einweihung für dich

Du über alles geliebter Mensch!

Voller Freude sende ich dir den Segen des Lichts und spreche heute zu dir. Du bekommst von mir jetzt eine Einweihung, bei der der Lichtstrahl von Andromeda mit dir eins wird. Du wirst danach in der Lage sein, diesen Lichtstrahl zu nutzen, um dich jederzeit von fremden Energien zu befreien. Als ersten Schritt bauen wir für dich einen Schutz auf. Singe dazu mit deiner inneren Stimme die Worte AAN OM. Sie heben deine Energie an, öffnen und reinigen deinen Geist und erwecken dein galaktisches Bewusstsein. Sie heben dich und deine Seele bis in die 24. Dimension hinein.

Singe diese Worte innerlich drei Mal im Wechsel:

»AAN« – der Klang der Unendlichkeit
»OM« – der Klang Gottes

»AAN« – der Klang der Unendlichkeit
»OM« – der Klang Gottes

»AAN« – der Klang der Unendlichkeit
»OM« – der Klang Gottes

Und jetzt überbringe ich, Mai'Medanaa, dir die Aktivierung des Lichtstrahls von Andromeda. Ich weihe dich in seine Möglichkeiten ein. Mit diesem Lichtstrahl erhältst du eine sehr große Unterstützung für dein späteres Wirken. Wenn du damit einverstanden bist, sende mir mit deiner inneren Stimme ein JA, und begib dich an einen Ort, an dem du ungestört bist. Lass uns nun mit der Aktivierung beginnen.

Atme drei Mal tief ein und stelle dir vor, dass ich, Mai'Medanaa, vor dir stehe und dir eine Kugel aus weißem Licht überreiche. Sie trägt die Liebe der großen Lichtquelle Andromedas in sich. Dieses wundervolle Licht wartet nur darauf, dein ganzes Wesen mit Liebe zu erfüllen. Du darfst dich mit der großen Lichtquelle Andromedas verbinden, und dazu lege ich, Mai'Medanaa, nun meine Hände sanft auf dein sechstes Chakra mitten auf die Stirn, auf dein Drittes Auge. Spüre meine Energie und spüre, wie sich dein sechstes Chakra aktiviert. Spüre, wie sich dein Drittes Auge öffnet und ausdehnt.

Die große Lichtquelle Andromedas aktiviert deine Zirbeldrüse in der exakten geometrischen Mitte deines Kopfes und veranlasst sie, einen Lichtstrahl aus deinem Dritten Auge zu schicken, der sich mit ihr verbindet. Das Licht Andromedas fließt zu dir. Es fließt in dein Drittes Auge. Es reinigt dein Drittes Auge von alten Energien, die dich daran hindern weiterzukommen. Gleichzeitig öffnet es sich und dein ganzes Bewusstsein, damit du neue Energien und Erkenntnisse empfangen kannst. Alles geschieht wie von selbst. Mai'Medanaa unterstützt diesen Fluss.

Jetzt fließt die Energie des Lichts von Andromeda weiter nach unten in deine anderen Chakren und reinigt sie ebenfalls. Er fließt durch dein Halschakra und dein Herzchakra. Er öffnet sie, damit du die neuen Energien auch dort empfangen kannst.

In deinem Solarplexus verwandelt sich die Energie des Lichts von Andromeda in eine Sonne und erhellt alles um dich herum.

Du fühlst dich sehr klar, siehst alles klarer und kannst viel klarer denken als vorher. Dehne dich mit dieser inneren Sonne aus, soweit du nur kannst, und sei dir bewusst, dass du mit Allem-was-ist tief verbunden bist.

Dein galaktisches Bewusstsein aktiviert sich jetzt in dir. Das bedeutet, dass du Einblicke aus der 24. Dimension und darüber hinaus erhalten wirst. Du bist nicht mehr durch die Grenzen deines irdischen Bewusstseins gebunden.

Deine Seele hat sich daran erinnert, dass sie ein galaktisches Wesen ist, verbunden mit allem, was es gibt.

Bewege nun den Lichtstrahl, der aus deiner Zirbeldrüse hinausströmt, mit deiner reinen Absicht. Du kannst ihn in jede Richtung bewegen und länger oder kürzer machen. Er sieht beinahe wie ein Laserstrahl aus, um ein Beispiel aus dem menschlichen Leben zu verwenden.

Mit diesem Laserstrahl wirst du ab sofort wirken können. Wenn du ihn nicht mehr brauchst, kannst du ihn einfach durch reine Absicht in dein Herz zurückziehen.

Mit großer Freude sehe ich deinen Strahl sehr hell leuchten und weiß, dass mein Auftrag gut ausgeführt wurde. Das Licht Andromedas ist vollständig in dir integriert und kann zu deinem Besten wirken. Spüre, wie dich diese Energie trägt. Du fühlst dich sicher und geliebt. Du kannst ihn jederzeit anwenden, wenn dir danach ist. So sende ich dir den Segen des Lichts zum Abschied und wünsche dir alles Glück der Welten.

Deine Mai'Medanaa.

*Im Folgenden zeigt dir Mai'Medanaa, wie du mit dem Andromeda-Lichtstrahl auch Heilung bewirken kannst. Diese Methode ist sehr einfach, und es wird dir sehr leicht fallen, damit deinen Nächsten zu helfen. Suche dir dafür einen ruhigen Ort, an dem du es dir bequem machst …*

# Wie du den Andromeda-Lichtstrahl anwendest

Entspanne dich und fokussiere dich auf dein Drittes Auge. Du siehst in deiner Vorstellung, wie das Licht aus dem Sternbild Andromeda zu dir fließt. Es kommt direkt aus dem Bereich des Sternbilds, in dem sich der Andromedanebel befindet. Du weißt, dass dieser galaktische Zustrom bedeutet, dass dein Drittes Auge aktiv ist, und du beobachtest und spürst, wie sich das Licht allmählich in deinem Kopf ausbreitet und deinen ganzen Körper mit seiner positiven Energie erfüllt.

Lass nun dieses Licht durch dein Drittes Auge wieder hinaus fließen. Es fühlt sich wie ein Laser an, der vorn an deiner Stirn austritt und den du überallhin richten kannst. Du kannst ihn dazu verwenden, deine Chakren oder deine Aura zu reinigen, und auch, um Menschen, Tieren oder Situationen Licht, Liebe und auch Heilung zu schicken.

Beachte, dass du beim Menschen das Einverständnis zur Heilung benötigst, bevor du deinen Strahl sendest. Wenn du dieses Einverständnis hast, stell dir einfach vor, wie der Lichtstrahl von deinem Dritten Auge zu dem Menschen fließt, dem du Licht von Andromeda schicken willst. Lass ihn dort eine Weile wirken und fühle, wie Heilung geschieht.

Falls der Mensch, für den du mit dessen Einverständnis wirkst, ein bestimmtes Anliegen hat, richte den Lichtstrahl auf die Stelle, die mit diesem Anliegen in Zusammenhang steht. Das wird ihm Erleichterung bringen. Danach ziehst du den Lichtstrahl in dein Drittes Auge zurück.

Bedanke dich anschließend liebevoll für die Heilung, die geschehen durfte. Begib dich wieder in deine Welt. Bewege Hände und Füße und kehre zurück in dein Hier und Jetzt.

*Es gibt auch eine Methode, bei der du mit Hilfe des Lichtstrahls von Andromeda deinen Lebensweg von Hindernissen befreien kannst, die deine Entwicklung erschweren. Dabei wird als Erstes wieder der Lichtstrahl in dir aktiviert. Zur Reinigung deines Lebensweges befolge dann einfach die nachstehenden Schritte und bleibe ganz im Vertrauen …*

## Reinigung des Lebensweges von negativen Energien

- Begib dich an einen Ort, an dem du ungestört bist.
- Atme die Töne von AAN und OM ein. AAN und OM. AAN und OM.
- Dehne dich mit dem Licht aus, soweit du es vermagst.
- Aktiviere den Lichtstrahl von Andromeda in deinem Dritten Auge.
- Bitte deine Seele, dich zu deinem Lebensweg zu bringen.
- Betrachte deinen Lebensweg, der jetzt unter deinen Füßen liegt.
- Lass nun deinen Lichtstrahl aus deinem Dritten Auge über deinen Lebensweg schweifen.
- Schiebe jede Verunreinigung und jedes Hindernis, die sich dir zeigen, von deinem Lebensweg herunter. Lass dir Zeit dabei. Es kann dort eine ganze Menge liegen.
- Formuliere jetzt einen Wunsch und setze ihn mit dem Lichtstrahl auf deinen Lebensweg.
- Richte einige Minuten lang das Licht von Andromeda auf deinen Wunsch und beobachte, wie der Wunsch mit deinem Lebensweg verschmilzt.
- Sobald sie miteinander verschmolzen sind, ziehst du deinen Lichtstrahl zurück.
- Komme wieder in deine Dimension und bedanke dich für die großartige Heilung.

*Du kannst mit dem Lichtstrahl von Andromeda auch daran arbeiten, deine Aura von negativen Einflüssen zu befreien. Dies kannst du für dich selbst tun oder auch, wenn du die Erlaubnis dazu hast, bei einem anderen Menschen. Auch hier aktivierst du als Erstes den Lichtstrahl in dir und befolgst dann die nachstehenden Schritte …*

## Befreiung von negativen Beeinflussungen in deiner Aura

- Begib dich an einen Ort, an dem du ungestört bist.
- Atme die Töne von AAN OM ein. AAN und OM. AAN und OM.
- Dehne dich mit dem Licht aus, soweit du es vermagst.
- Aktiviere den Lichtstrahl von Andromeda in deinem Dritten Auge.
- Suche deine Aura mit dem Lichtstrahl ab – oder die Aura des Menschen, den du mit seinem Einverständnis behandelst.
- Beobachte, wie das Licht von Andromeda alles entfernt, was nicht zu dir oder dem Menschen gehört, den du behandelst.
- Achte darauf, dass du nichts wegnimmst, was zu dir oder diesem Menschen gehört. Wenn nötig, bitte dein höheres Selbst oder die Seele des Menschen, den du behandelst, um Unterstützung.
- Lass den Lichtstrahl so lange in der Aura kreisen, bis alles aufgelöst ist.
- Wenn du fertig bist, hole den Lichtstrahl zurück in dein Drittes Auge.
- Nimm ein paar tiefe Atemzüge und sei wieder ganz da.

*Jetzt weißt du, wie du dich von negativen Energien und unerwünschten Hindernissen in deinem Leben befreien kannst. Mit Hilfe des Lichts von Andromeda ist das alles ganz einfach. Am besten probierst du es gleich aus und überzeuge dich selbst von den wundervollen Ergebnissen!*

# 5

# Portaltag-Energien und Heilströme

Hast du manchmal das Gefühl, dass etwas in der Luft liegt? Dass die Welt um dich herum ein wenig anders ist, als du es sonst gewohnt bist? Wenn ja, dann spürst du vielleicht die Energien der spirituellen Portaltage. Das sind Tage, an denen die Geistige Welt eine besondere Energie auf die Erde schickt.

Für diejenigen, die wissen, wie man diese Energien richtig wahrnimmt und nutzt, kann dies eine Zeit großer Chancen für Heilung sein. Sie sind auch eine große Chance für persönliches und spirituelles Wachstum, denn sie bieten neue Möglichkeiten der Transformation. Nutze also die Energien der Portaltage für deine ganz persönliche Weiterentwicklung.

*Hier folgt nun eine kleine Übung, wie du mit den Portaltag-Energien Heilung und Wachstum für dich oder einen anderen Menschen vollziehen kannst. Die Ergebnisse können ziemlich tiefgreifend sein. Besonders, wenn du dazu in eine höhere Dimension eintauchst, denn dort sind diese Energien intensiver und man fühlt sie besonders stark. Die Übung geht so …*

## Dein Wirken mit Portaltag-Energien

Suche dir zunächst einen Platz, an dem du bequem sitzen oder liegen kannst. Wenn du eine schöne entspannende Musik hast, die du besonders gerne hörst, lege sie auf. Dann atme ein paar Mal tief durch und entspanne dich.

Bitte deine Seele jetzt, dich in eine höhere Dimension zu führen. Triff selbst die Wahl, in welche Dimension es gehen soll. Lass deine Seele wissen, was du erleben möchtest, ob du dir Begegnungen mit geistigen Führern oder Sternenwesen wünschst, anderen Lichtboten oder deiner Familie im Jenseits, vielleicht auch mit deinen Ahnen. Du triffst selbst die Wahl, und ein Gedanke von dir genügt, um deine Entscheidung zu ändern. Deine Seele trägt dich ganz von selbst dorthin.

Stelle dir nun vor, dass du von weißem Licht umgeben bist. Dieses weiße Licht ist die reinste Form von Energie, und es ist hier, um dich zu schützen und zu unterstützen.

Nimm die Energie wahr und verschmilz mit ihr. Nimm dir ein wenig Zeit dafür. Beginne den Ton »AAN OM« zu chanten und spüre, wie die Energie des Portaltages durch dein Kronenchakra in deinen Körper einfließt. Erlaube dieser Energie, durch deinen ganzen Körper zu fließen. Spüre, wie sie dich mit Licht und Liebe erfüllt. Richte diese Energie nun dorthin, wo du Heilung brauchst. Du kannst sie auch auf jemand anderen richten, wenn du dafür sein Einverständnis hast.

Nimm dir genügend Zeit, um der Heilung genügend Raum zu geben, und wiederhole die Worte »AAN OM« mit deiner geistigen Stimme. Nach einer Weile lässt die Energie nach, denn die Heilung wurde vollzogen. Du kommst langsam wieder ins Hier und Jetzt zurück.

Bedanke dich bei deiner Seele und den Portaltag-Energien für die erfolgte Heilung.

*Mai'Medanaa hält noch andere Möglichkeiten der Heilung für dich bereit. Sie arbeitet dabei mit Lichtfrequenzen von Andromeda, die tief in der Seele wirken, wenn man sich öffnet. Diese Heilströme sind etwas ganz Besonderes. Sie unterstützen dich auf deinem spirituellen Weg und während deines Aufstiegsprozesses und sind dabei sehr effektiv.*

## Was es mit den Heilströmen auf sich hat

Die Lichtfrequenz von Andromeda trägt Farben und Töne aus dem unendlichen Feld der Liebe. Die einzelnen Farben sind sehr kraftvoll und können dir helfen, alte Muster loszulassen, deine Gesundheit auf allen Ebenen zu verbessern und dich in deinem Aufstiegsprozess zu unterstützen. Man kann diese Farben nicht beschreiben, weil sie so vielfältig sind und wir so etwas auf der Erde gar nicht kennen. Man könnte sie mit den Farben des Regenbogens vergleichen, nur sind die Farben der Heilströme noch tausend Mal farbenreicher und schöner.

Jedem einzelnen Farbton ist ein Musik-Ton aus dem Galaktischen Andromedanischen Orchester zugeordnet. Diese Verbindung aus göttlichen Harmonien ergibt eine Schwingung in der unendlichen, vollkommenen bedingungslosen Liebe, die in einen Heilstrahl mündet, den man nur auf Andromeda findet. Es heißt, dass dort für jeden Menschen, der darum bittet, ein persönlicher Heilstrom aus unzählbar vielen bunten Heilstrahlen erschaffen wird, der genau für das aktuelle Thema wirkt. Dieser Heilstrom wird dann von den andromedanischen Heilerinnen und Heilern zu dem Menschen gesendet, der seiner bedarf.

Die Heilerinnen und Heiler, die dir diese Heilströme senden, wurden auf Andromeda eigens für diese Aufgabe ausgebildet. Sie wissen genau, wie sie die richtige Energiemenge senden und welche Worte sie benutzen müssen, um dir bei der Heilung zu helfen. Ihre Ausbildung ging über mehrere hundert Jahre und trägt die Weisheit all dieser Jahrhunderte und eines Kosmos, der im Verlauf von Ewigkeiten seine jetzige Harmonie erreicht hat. Sie ordnen die Heilstrahlen so an, dass sie zum allerhöchsten Wohl wirken und genau die Energien tragen, die der Mensch gerade benötigt.

Die Heilerinnen und Heiler von Andromeda sind sehr weise und alt. Ihr Durchschnittsalter beträgt 1.333 Jahre. Sie erschaffen jeden Heilstrahl persönlich, indem sie sich mit der Zentralsonne von Andromeda telepathisch verbinden.

*Mai'Medanaa lässt uns wissen, dass es verschiedene Heilströme gibt. Der erste kommt direkt aus der Zentralsonne von Andromeda. Der zweite Heilstrom ist als Regenbogen-Lichtstrom des Kosmos bekannt. Mai'Medanaa stellt sie dir beide vor, damit du verstehst, wie wundervoll diese Heilströme sind und wie wundervoll sie mit den Klängen harmonieren.*

## Der Heilstrom der Zentralsonne von Andromeda

Sobald die Heilerinnen und Heiler von Andromeda die Bitte eines Menschen nach Heilung wahrnehmen, verbinden sie sich mit der Zentralsonne von Andromeda.

Augenblicklich fließen von dort verschiedene Strahlen zu den Heilerinnen und Heilern, die sie mit den Händen aufnehmen und miteinander verknüpfen. Bei dieser Arbeit befinden sie sich in tiefer Trance in einer anderen Dimension, weitab von unserer Vorstellung. Sie sind sich ihres Lichtkörpers nicht bewusst, und Zeit existiert für sie nicht, aber sie sind hochkonzentriert. Auf diese Weise können sie eine unendliche Anzahl verschiedener Heilstrahlen erzeugen.

Sie singen bei ihrer Arbeit die Töne der Heilung in der hohen Lichtsprache Andromedas. Dieser Klang wird von der Zentralsonne in Licht und Farbe umgewandelt und mit dem Heilstrahl verbunden. Sobald der Heilstrahl fertig ist, wachen die Heiler und Heilerinnen aus der Trance auf und senden den Strahl zu dem Wesen, das um Hilfe gebeten hat – in eurem Fall zur Erde. Der Mensch, der um Hilfe gebeten hat, braucht jetzt nichts mehr zu tun, als offen zu sein, um die heilenden Energien und darin enthaltenen Klänge zu empfangen.

Die Heilerinnen und Heiler aus Andromeda arbeiten in Gruppen von 333 Heilerinnen und Heilern zusammen. Weise und erfahren, wie sie sind, sind sie immer bereit zu helfen. Sie wissen genau, welche Energien ein Mensch zu welchem Zeitpunkt braucht. Sie wissen auch, wann es Zeit ist, die Heilung zu beenden, denn der Mensch muss seinen eigenen Teil zum Heilungs- und Aufstiegsprozess beitragen.

Die heilenden Strahlen wirken bis zu dem Zeitpunkt, an dem der Mensch sie nicht mehr benötigt. Dann wird die Verbindung auf ganz natürliche Weise unterbrochen.

Die Heilerinnen und Heiler arbeiten in perfekter Harmonie mit allen anderen Heilströmen aus höheren Reichen. Sie zwingen nie jemandem etwas auf, sondern warten, bis der Betreffende bereit ist, ihre Hilfe zu empfangen.

*Wenn du bereit bist, diese Heilströme zu empfangen, kannst du die Heilerinnen und Heiler von Andromeda einfach in deinen Gedanken oder laut darum bitten. Du brauchst nichts über Andromeda oder die Sprache des Lichts zu wissen. Das Einzige, was wichtig ist, ist deine Absicht, diese Ströme zu empfangen, und die Bereitschaft zur Heilung.*

# Der kosmische Regenbogen-Heil-Lichtstrom

Bei diesem Heil-Lichtstrom verbinden sich die Wesen von Andromeda mit den kosmischen Regenbogen-Lichtströmen über die Sprache des Lichts und den Tönen des kosmischen Orchesters. Jeder Ton des kosmischen Orchesters verbindet sich mit einer der unzähligen Regenbogenfarben des Kosmos. Es sind sehr viel Farben und Töne, die wir auf der Erde noch gar nicht kennen. Die Heilerinnen und Heiler von Andromeda sagen, dass dabei ein grandioses Farbenspiel entsteht. Sie sind tief in dieses kosmische Licht eingebettet und knüpfen dabei für jeden Menschen, der dies wünscht, einen persönlichen feinen Regenbogen-Heil-Lichtstrom – einen Regenbogen-Heil-Lichtstrom, der, sobald er fertig ist, selbstständig zu tönen beginnt. Beginnt er zu tönen, senden sie ihn zum Betreffenden.

Der Strahl bewegt sich zu seinen Tönen und webt ein persönliches Muster der Heilung in die Aura des Menschen. Das ist eine sehr feine und exquisite Arbeit der Wesen von Andromeda. Sie stimmen sich auf die höchstmögliche Ebene ein und überwachen, dass alles zum höchsten Wohle geschieht, dabei senden sie ihr Licht und ihre große Liebe aus.

Die Heilerinnen und Heiler von Andromeda sagen, dass sie, wenn sie für einen Menschen tätig sind, immer das Gefühl haben, es mit dem ganzen Kosmos zu tun zu haben. In jedem Menschen spiegelt sich der gesamte Kosmos wider. Und sie spüren diese Verbindung sehr stark bei ihrer Arbeit. Sie wissen, dass jeder Mensch ein einzigartiger Ausdruck des Schöpfers ist und dass jeder von ihnen sich deshalb in seiner aktuellen Situation befindet, um seine Mission zu erfüllen.

Die Heilerinnen und Heiler von Andromeda arbeiten mit großer Liebe und Hingabe für all diejenigen, die sie um Hilfe bitten. Sie sind glücklich, dass sie in der Lage sind, so vielen Menschen auf diese Weise helfen zu dürfen. Und sie sind immer für alle da, die ihre Hilfe brauchen. Sie nutzen die Farben und Töne des Regenbogens, um den Energiekörper auf allen Ebenen zu reinigen, zu stärken und zu heilen. Sie arbeiten auch mit den Lichtcodes des Aufstiegs und aktivieren sie in den Energiekörpern derjenigen, die bereit sind, sie zu empfangen und die darum gebeten haben. So können die Lichtströme, die sie aussenden, tief in die menschliche Energiestruktur einfließen, um Heilung auf allen Ebenen zu bewirken.

*Mai'Medanaa sagt, wenn du dich durch Stress, Ängste oder negative Emotionen belastet fühlst, können diese Heilströme helfen, sie zu beseitigen, und das Gleichgewicht und den Frieden in dir wiederherstellen. Deshalb übergibt sie dir im Folgenden noch eine kostbare Übung, die dir hilft, die Regenbogen-Heilströme zu empfangen …*

## Affirmation zum Empfang des Regenbogen-Heilstroms

Mai'Medanaa sagt, um dich für Regenbogen-Heilströme zu öffnen, legst du dich am besten zunächst in einer bequemen Position hin. Entspanne deinen ganzen Körper. Dann stelle dir vor, dass du von Strömen in den Regenbogen-Farben umgeben bist. Spüre, wie sie durch deinen Körper fließen und dich mit Licht erfüllen. Du kannst dir auch vorstellen, dass das regenbogenfarbene Licht durch dein Kronenchakra eintritt und dein gesamtes Wesen mit farbigem Licht erfüllt. Lass dich einfach von diesem wunderschönen bunten Licht umgeben und spüre, wie es dich auf allen Ebenen heilt.

Mai'Medanaa sagt, sobald ein Mensch sich dazu entschließt, sich für die Heilströme von Andromeda zu öffnen, beginnt es zu fließen. Die Absicht des Menschen reicht im Grunde bereits aus, denn die Heilerinnen und Heiler von Andromeda arbeiten sehr schnell und erkennen die Absicht des Fragenden, noch bevor er überhaupt seine Bitte formuliert. Deswegen haben sie die passenden Heilströme sofort zur Hand, wenn sich ein Mensch für eine Heilung entschließt.

Noch effektiver ist es jedoch, wenn du als Betreffender die Frequenzen der Regenbogen-Heilströme von Andromeda zu dir einlädst. Du baust damit mental praktisch eine Brücke zwischen den Heilerinnen und Heilern, die den farbenprächtigen Heilstrom für dich weben, und dir selbst. Wenn du die Einladung aussprichst, hören die Wesen von Andromeda diese Bitte und nehmen deine Seelenfrequenz auf. Sie passen den Heilstrom an deine Seelenfrequenz an und senden harmonisierende und heilende Lichtstrahlen in den Energiekörper und in die Aura des Menschen, der um Unterstützung gebeten hat.

*Dazu kannst du die folgende Affirmation sprechen …*

»Ich bin offen für die heilenden Ströme von Andromeda.
Ich bin von der unendlichen Liebe des Schöpfers umgeben.
Ich bin im Licht zu Hause.
Das Licht ist mein Wegweiser auf meinem Pfad.
Meine Seele wird gereinigt und mit Licht gestärkt.
Ich bitte jetzt um die große Kraft der Heilströme von Andromeda.
Ich bitte um Heilung von … [und hier nennst du das Thema, das geheilt werden soll].«

*Die Heilerinnen und Heiler, die dir deinen Heilstrom senden, wurden auf Andromeda eigens für diese Aufgabe ausgebildet. Sie wissen genau, wie sie die richtige Energiemenge senden und welche Worte sie benutzen müssen, um dir bei der Heilung zu helfen. Ihre Ausbildung ging über mehrere hundert Jahre und trägt die Weisheit der Jahrhunderte und der Kosmos.*

## Anrufung in Lichtsprache für einen Heilstrom

Mai'Medanaa hat mir einige Formulierungen gegeben, die du nutzen kannst, wenn du die Heilerinnen und Heiler von Andromeda um einen Heilstrom bitten möchtest.

Dazu sprich zunächst die folgenden Worte: »Ich bin der Liebe und Heilung würdig. Ich bin sicher. Ich werde geliebt. Ich bin geschützt. Ich bin geheilt.«

Und anschließend bedienst du dich der Lichtsprache. Doch bevor du die Worte der Lichtsprache verwendest, gehst du mit deinem Gewahrsam in deinen Herzensraum und zentrierst dich mit dem Licht der Liebe.

Sprich dann die folgenden Worte der Lichtsprache, und sprich sie langsam aus: »AAN OM, MA RA AYA, SO HUM.« Du wirst die besondere Energie schon beim Sprechen spüren. Diese Worte sind in der Lage, dein Herz für die Heilung öffnen. Sie öffnen deine Seele für die heilenden Energien von Andromeda. Spüre, wie die Wahrheit dieser Worte in deine Seele eindringt und sie öffnet. Spüre, wie Heilung einsetzt. Spüre die Wahrheit in dir. Du bist geliebt. Du bist sicher. Du bist geheilt.

Jetzt lässt du alles, was dich belastet, los. Erlaube dir, von den heilenden Energien aus Andromeda emporgehoben zu werden. Du spürst deutlich, dass du es verdienst, dich geliebt, sicher und geheilt zu fühlen. Erlaube dir, die Geschenke der Heilung und Liebe anzunehmen, die dir angeboten werden.

Sprich langsam und deutlich: »NAM SO HAM AYA. Ich bin dankbar für diese Gaben.«

Diese kraftvollen Worte, mit bewusster Intention gesprochen, verändern deine Energie und bereiten dich auf die heilenden Energien der Heilerinnen und Heiler von Andromeda vor, die jetzt zu dir kommen. Heilung ist ein Prozess, der bei uns meistens Zeit in Anspruch nimmt, aber du kannst die Auswirkungen der heilenden Ströme von Andromeda fast sofort sehen und spüren. Also atme tief durch, entspanne dich und lass die Heilung ihre Wirkung entfalten.

Wenn du dich das nächste Mal gestresst oder niedergeschlagen fühlst, denke daran, dass du nur diese Worte zu sprechen brauchst, um dich für die heilenden Energien von Andromeda zu öffnen: »Ich bin der Liebe und Heilung würdig. Ich bin sicher. Ich werde geliebt. Ich bin beschützt. Ich bin geheilt.« Und dann lass los und lass die Heilung beginnen.

»MARA AYA EMONA. Heilung fließt. MAREEE HA. Ich bin beschützt.«

Andromedas heilende Ströme stehen dir immer zur Verfügung. Rufe sie an, wann immer du einen Energieschub oder Heilung benötigst. Und denke daran: Du bist der Liebe und der Heilung würdig. Erlaube dir, die Geschenke zu empfangen, die Andromeda zu bieten hat.

*Mai'Medanaa sagt, du kannst darauf vertrauen, dass du in guten Händen bist, wenn du eine Heilung von Andromeda erhältst. Probiere es einfach aus. Wenn du auf der Suche nach Heilung und Führung bist, solltest du dich mit den Heilerinnen und Heilern von Andromeda verbinden. Sie können dir auf deinem Weg zu Wohlbefinden und Ganzheit helfen.*

# 6

# Begegne deinen geistigen Lehrern und Führern

Es gibt vieles in diesem Universum, was wir noch nicht verstehen. Eines der größten Geheimnisse ist das Astralfeld. Dabei handelt es sich um einen Bereich des Raums, der jenseits unserer dreidimensionalen Realität existiert.

Er ist die Heimat von geistigen Wesen, Lehrern und Führern, die uns helfen können, auf unserer spirituellen Reise zu lernen und zu wachsen. Sobald wir Zugang zum Astralfeld bekommen, werden wir erstaunliche Erfahrungen machen. Wir werden über dieses Feld mit anderen Wesen kommunizieren und Führung von unseren galaktischen Helfern erhalten können.

Der beste Weg, um Zugang zum Astralfeld zu erhalten, ist die Meditation. Es gibt eine spezielle Tiefenmeditation, durch die wir unseren Verstand beruhigen können und sich unser Herz leichter öffnet. Sobald du sie erlernt hast, kannst du die Energie des Astralfeldes um dich herum deutlich spüren. Es gibt auch spezielle Visualisierungstechniken, mit denen man in verschiedene Bereiche des Feldes reisen kann. Für das, was wir dort erleben können, gibt es keine Grenzen.

Das Astralfeld jenseits unserer dreidimensionalen Realität ist ein Ort der unendlichen Möglichkeiten. Die Kosmische Schwester Mai'Medanaa wird dich jetzt durch die Tiefenmeditation in die Lage versetzen, in das Astralfeld einzutauchen.

## Zugang zum Astralfeld des Universums

Liebes Mitglied der Menschheitsfamilie, ich bin Mai'Medanaa und grüße dich mit dem Segen des Lichts von Andromeda. Ich bin gekommen, um dir zu helfen, dich an deine Verbindung zu den höheren Dimensionen zu erinnern. Durch meine Lehren wirst du lernen, wie du Zugang zum Astralfeld bekommst und deine geistigen Führer triffst. Ich bin hier, um dir auf deiner Reise zurück ins Licht zu helfen.

Mit deiner Erlaubnis werde ich dich nun in die fünfte Dimension hineinführen. Wir beginnen damit, dass du dich ganz auf dich selbst konzentrierst und deinen Atem fühlst. Je mehr du entspannst, umso mehr wirst du fühlen. Spüre, wie sich dein Herz öffnet. Wenn dein Herz geöffnet ist, kannst du die Energie des Astralfeldes bereits um dich herum wahrnehmen. Lass es ruhig geschehen, denn es dient zu deinem allerhöchsten Wohl. Ich hebe deine Energie so weit an, dass du ganz leicht in die fünfte Dimension hineingelangst. Spüre die Liebe, das Licht und die Leichtigkeit.

Vielleicht siehst du Farben oder Formen vor deinem geistigen Auge. Das sind alles verschiedene Aspekte der fünften Dimension, die du jetzt wahrnimmst. Es gibt keinen richtigen oder falschen Weg, dies zu tun. Lass dich einfach auf die Erfahrung ein, die sich dir bietet, und habe es damit nicht eilig, denn währenddessen werde ich deinen Lichtkörper so aktivieren, dass du ganz leicht in höhere Dimensionen eintauchen kannst. Ich übertrage dann den Lichtcode von Andromeda auf dich, der die höheren Dimensionen für dich öffnet. Er wird auch deinen Channelkanal öffnen, über den du mit den Wesen des kosmischen Astralfeldes kommunizieren kannst. Wenn du einverstanden bist, werde ich dies jetzt für dich vollziehen. Es geschieht ohne Wort, und es geschieht jetzt …

Der Lichtcode wurde aktiviert. Sein Name ist AAN.

Das ist der Lichtcode des Erwachens, und er verbindet dich mit deiner kosmischen Familie.

Du kannst nun eine starke Verbindung mit den Wesen der höheren Dimensionen spüren. Du kannst auch eine tiefe Liebe für alles Leben im Universum empfinden. Dies ist die Liebe, mit der wir alle verbunden sind. Wir sind eine einzige große Familie, und ich bin hier, um dich auf deiner spirituellen Reise in die Dimensionen des Lichts zu unterstützen.

Beginne nun das Wort AAN mit deiner inneren Stimme zu summen. Der kosmische Ton von AAN wird dich in die Dimension hineintragen, die du für dich auswählst. Der Ton AAN legt sich wie großer Mantel des Schutzes um dich herum und öffnet deinen Geist, um die Botschaften zu verstehen, die du empfangen wirst.

Das Erste, was du vielleicht bemerkst, ist eine Veränderung der Schwingung. Du wirst dich leichter und friedlicher fühlen. Das ist die fünfte Dimension. Hier findest du viele verschiedene Wesen, die dir auf deiner spirituellen Reise helfen und dich unterstützen wollen. Erkunde diese Dimension und gewöhne dich an die neue Energie. Wenn du bereit bist, kannst du auch in höhere Dimensionen aufsteigen. Es gibt keine Grenzen.

Das kannst du so lange tun, wie du willst.

Dann stelle innerlich eine Frage über etwas, das dir wichtig ist. Du wirst in Form von Gedanken, Gefühlen oder Bildern

Führung von deinen geistigen Helfern erhalten. Lass es einfach geschehen und versuche nicht, etwas zu erzwingen.

Bedanke dich bei deinen Führern für ihre Hilfe und nimm dir dann etwas Zeit, um dich zu entspannen. Wenn du bereit bist, kehre wieder in dein Hier und Jetzt zurück.

## Verbindung deines Herzchakras mit dem kosmischen Herzchakra

Als Nächstes werden wir dein Herzchakra mit dem kosmischen Herzchakra verbinden und den Ton AAN in deinem Herzen integrieren. Atme dafür gleichmäßig ein und aus und lass den Klang von AAN durch dein Herz fließen. Atme AAN langsam ein und aus. Jetzt kannst du spüren, wie die Liebe des Universums durch dich fließt. Das ist eine sehr kraftvolle Erfahrung, die dich neu ausrichtet. Atme diese Liebe ein und lass sie dein ganzes Wesen erfüllen.

Nimm dir genügend Zeit dafür.

Mai'Medanaa berührt jetzt dein Herz und du wirst in der Lage sein, ihre liebevolle Gegenwart zu spüren. Ich werde dir helfen, dein Herzchakra zu öffnen. Du kannst jetzt eine starke Verbindung zu allem Leben im Universum spüren.

Atme langsam ein und aus und lass diese Liebe, zusammen mit deinem Atem, durch dein ganzes Wesen fließen.

Wenn du bereit bist, kannst du Mai'Medanaa eine Frage über etwas stellen, das dir wichtig ist. Du wirst nun von ihr Führung in Form von Gedanken, Gefühlen oder Bildern erhalten. Lass es einfach geschehen und versuche nicht, etwas zu erzwingen. Bedanke dich bei Mai'Medanaa für ihre Hilfe und nimm dir dann etwas Zeit, um dich zu entspannen. Wenn du bereit bist, kehre wieder in deinen Raum und deine Zeit zurück.

*Vielleicht stellst du fest, dass etwas dich daran hindert, im kosmischen Astralfeld mit deinen geistigen Helfern in Verbindung zu treten. Vielleicht nimmst du sie nicht so deutlich wahr, wie du es gerne hättest, oder du verstehst ihre Worte nicht, so dass deine Führung durch deine geistigen Helfer eingeschränkt ist. Die Ursache dafür könnten energetische Blockaden sein, die erst aufgelöst werden müssen. Um an der Heilung und Auflösung von Blockaden arbeiten zu können, bietet dir Mai'Medanaa eine Übung an. Sie hilft dir, dich frei und uneingeschränkt im energetischen Raum des kosmischen Astralfelds zu bewegen …*

## Blockaden auflösen im kosmischen Astralfeld

Suche dir einen bequemen Platz zum Sitzen oder Liegen. Konzentriere dich ganz auf dich selbst und atme ein paar Mal tief ein und aus. Sobald du spürst, dass du ruhiger wirst, stell dir vor, dass du dich in einem großen, offenen Raum befindest. Dieser Raum ist von weißem Licht erfüllt. Vielleicht siehst du auch ein paar farbige Funken in dem Licht.

Atme nun den Ton AAN ein und summe ihn mit deiner inneren Stimme. AAN wird dich in das kosmische Astralfeld tragen. Stell dir dabei vor, dass du von weißem Licht umgeben bist. Es durchdringt jede deiner Zellen und erfüllt dich mit seiner heilenden Energie. Du spürst, wie sich das Licht durch deinen Körper bewegt und alle Blockaden oder Schmerzbereiche auflöst. Es schenkt dir ein Gefühl von Frieden und Ruhe.

Um eine noch intensivere Heilung zu ermöglichen, ruft Mai'Medanaa jetzt deinen galaktischen Geistführer herbei. Du spürst, wie sich die Energie sogleich ändert, sobald er vor dir steht. Er ist ein Wesen aus Licht und Liebe, das dich besser kennt als jeder andere. Er sieht dir in die Augen und sagt dir, dass er hier ist, um dir bei allem zu helfen, was du brauchst. Du spürst seine bedingungslose Liebe zu dir, und sie erfüllt dich mit Wärme und Zuversicht.

Nimm dir etwas Zeit, um mit deinem galaktischen Geistführer zu sprechen. Du kannst ihm alle Fragen stellen, die du schon lange in dir trägst. Wenn er dir geantwortet hat und du keine weiteren Fragen mehr an ihn hast, danke ihm für seine segensreiche Hilfe und Führung.

Stelle dir nun deinen Körper in dem kosmischen Astralfeld vor, das du für deine energetische Arbeit aufgesucht hast. Erlaube dir, diesen Raum so lange zu erleben, wie du möchtest. Du spürst hier deinen Astralkörper, aufgehoben in dem Feld, mit all deinen Sinnen. Betrachte oder ertaste ihn mit deinen geistigen Händen. Du wirst fühlen, wo eine Blockade liegt, die geheilt werden muss, denn sie zeigt sich als verdichtete Energie. Bitte deinen galaktischen Geistführer, dir bei diesem Prozess zu helfen. Dein galaktischer Geistführer wird für dich wirken und all die Punkte in deinem Astralkörper heilen, die sich ihm zeigen. Du kannst ihm vertrauen und dich ganz fallen lassen.

Sobald dein galaktischer Geistführer fertig ist, wirst du eine gewisse Leichtigkeit spüren. Atme tief durch und kehre ins Hier und Jetzt zurück. Du fühlst dich erfrischt und gestärkt.

*Ich gratuliere dir herzlich, denn du hast gerade das kosmische Astralfeld für die Auflösung von Blockaden in deinem Körper benutzt. Mai'Medanaa betrachtet dich liebevoll und nickt dir zu. Alles geschah mit großer Achtsamkeit und in vollkommener und tiefer kosmischer Liebe. Dein Körper ist jetzt voller Energie. Mai'Medanaa sagt: »Ich sende dir den Segen des Lichts und führe dich in die Dimension deines physischen Seins zurück, in dein Hier und Jetzt.«*

# 7

# Anleitung zum Dimensions-Channeling

Wir kommen jetzt zum Dimensions-Channeling. Vielleicht hast du davon noch nie zuvor in deinem Leben gehört. Mai'Medanaa lächelt und nickt, weil das stimmen könnte, denn du gehörst zu den ersten Menschen auf diesem Planeten, denen sie vom Dimensions-Channeling erzählt. Beim herkömmlichen Channeln öffnest du dich, um Botschaften und Führung von Wesenheiten aus höheren Dimensionen zu empfangen. Das ist eine unglaublich schöne und kraftvolle Erfahrung. Da du dich dabei in der dritten Dimension bewegst, kann diese Art, Botschaften zu erhalten, allerdings sehr anstrengend sein. Die Botschaften selbst sind oft nicht so klar, und du erhältst nur eine begrenzte Menge an Informationen.

Beim Dimensions-Channeling hingegen befindest du dich nicht nur medial, sondern auch astral in der höheren Dimension, mit der du dich verbindest. Dies geschieht, indem du die Schwingungsfrequenz deines Energiefeldes an die der Dimension anpasst, mit der du dich verbinden möchtest. Umhüllt und getragen von den höheren Frequenzen empfängst du über deinen Astralkörper die Botschaften dann viel klarer und kannst auch mehr Informationen aufnehmen und verarbeiten. Der Nachteil ist, dass es viel intensiver ist als das herkömmliche Channeling und manche Medien danach sehr müde sind. Aber jeder Mensch, dem das Channeln möglich ist, kann auch das Dimensions-Channeling erlernen.

*Mai'Medanaa sagt, bestimmte Menschen werden von den Andromedanern gerufen und darin ausgebildet, sich leichter mit anderen Dimensionen zu verbinden und Informationen von diesen Sphären zu erhalten. Es ist aber wichtig, zunächst herauszufinden, ob es dir überhaupt möglich ist, kraft deiner Medialität mit Lichtwesen zu kommunizieren …*

## 13 Merkmale, an denen du erkennst, ob du channeln kannst

Sicher fragst du dich, ob du die Fähigkeit zum Channeln hast. Mai'Medanaa sagt, dass es bestimmte Anzeichen gibt, an denen du dies erkennen kannst. Sie sagt auch, dass du eigentlich nur ihre Worte, die ich hier wiedergebe, offenen Geistes zu lesen brauchst, und schon erleichtert sich für dich der Zugang. Ob du diese Fähigkeit bereits in dir trägst, erkennst du anhand bestimmter Eigenschaften und Merkmale.

*Das erste Merkmal*, dass du channeln kannst, ist, wenn du sehr intuitiv bist. Du folgst den Impulsen deines Herzens und deiner Seele und vertraust einfach, ohne lange zu überlegen. Du siehst mit dem Herzen und vertraust deinen Gefühlen.

*Das zweite Merkmal*, dass du channeln kannst, ist, dass du während einer Meditation oder beim Hören einer Botschaft schon vorher weißt, was gesagt wird. Darüber bist du oft sehr verwundert. Das ist eine wichtige Fähigkeit, die du zum Channeln brauchst.

❧ *Das dritte Merkmal* ist, dass du manchmal Dinge weißt, die dir niemand gesagt hat. Du weißt es aufgrund einer Vorahnung, die einfach zu dir kommt, ohne dass du darum gebeten hast. Du weißt es einfach wie von selbst, und meistens stimmt es.

❧ *Das vierte Merkmal* ist, dass du wie von selbst weißt, was Menschen und Tiere fühlen. Du brauchst einen Menschen oder ein Tier nur anzuschauen, und schon ist dir klar, wie sie sich fühlen. Du weißt, ob es ihnen gut oder schlecht geht. Du bist so empathisch, dass du die Gefühle anderer Wesen wahrnimmst, als wären es deine eigenen.

❧ *Das fünfte Merkmal* ist, dass du dich beim Meditieren meist vollkommen fallen lassen kannst. Du kannst die Kontrolle durch den Verstand größtenteils aufgeben und dich ganz den Energien überlassen. Dein Verstand ist dann still, und du überlässt deinem Herzen die Führung. Hingabe und Achtsamkeit begleiten dich.

❧ *Das sechste Merkmal* ist, dass du sehr kreativ bist. Du erschaffst Dinge aus dem Nichts oder kommst leicht und mühelos auf neue Ideen. Deine Fantasie ist sehr ausgeprägt, und es macht dir unglaublich viel Spaß, ständig Neues zu erschaffen. Du bist neugierig wie ein kleines Kind und lebst deine Fantasie sehr gerne aus.

❧ *Das siebte Merkmal* ist, dass du Tagträume liebst. Du kannst deine Gedanken schweifen lassen und fremde Welten erkunden, ohne dich darin zu verirren. Du bist auch sehr erfinderisch und liebst es, in deinen Träumen Neues zu erleben. Deine Tagträume führen dich regelmäßig in unbekannte Sphären, die du gerne erforschst.

❧ *Das achte Merkmal* ist, dass du in Meditationen oder bei normalen Gesprächen innere Bilder empfängst. Wenn dir jemand etwas erzählt, entsteht in deinem Kopf sofort ein Bild über das Erzählte. Du brauchst nicht lange, um aus den Informationen ein klares Bild zu formen. Du kannst auch Farben und Licht deutlich sehen.

❧ *Das neunte Merkmal* ist, dass du eine Menge Energie hast und recht lebhaft bist. Du strahlst sehr viel Positivität aus, und die Menschen fühlen sich zu dir hingezogen. Du bist immer voller Vitalität und genießt das Leben in vollen Zügen.

❧ *Das zehnte Merkmal* ist, dass du sehr sensibel für die Energien um dich herum bist. Du spürst, wenn jemand den Raum betritt oder wenn sich die Energie aus irgendeinem Grund verändert. Du spürst bei Menschen, Tieren, Häusern oder Plätzen, welche Energien sie in sich tragen.

❧ *Das elfte Merkmal* ist, dass du gerne Bäume umarmst und bei der Umarmung eine positive Energie spürst oder eine Botschaft bekommst, die nicht verbal sein muss. Auch liebst du Steine und Pflanzen und nimmst ihre Energie wahr. Sie teilen dir gerne ihre Empfindungen mit.

❧ *Das zwölfte Merkmal* ist, dass du schon einmal außerkörperliche Erfahrungen oder spirituelle Reisen gemacht hast oder Menschen kennst, die das getan haben. Du bist von diesen Möglichkeiten fasziniert und möchtest alles darüber wissen.

❧ *Das dreizehnte Merkmal* ist, dass du dich dafür interessierst, über Energie, Chakren, Auren oder andere esoterische Themen zu lesen. Diese Berichte ziehen dich geradezu magisch an, und du verschlingst alles, was mit Spiritualität zu tun hat.

*Wenn einige oder alle dieser Merkmale auf dich zutreffen, sagt Mai'Medanaa, dann ist die Wahrscheinlichkeit groß, dass du auch channeln kannst. Du bringst dann die erforderliche Offenheit mit und kannst unterschiedliche Energien spüren. Wenn du es genau wissen willst, frage dein Herz. Hast du dann immer noch Zweifel, probiere es einfach aus. Vertraue auf deine Intuition. Du wirst feststellen, dass das Channeln leichter ist, als du denkst.*

*Mai'Medanaa freut sich schon sehr darauf, dir recht bald persönliche Botschaften überbringen zu dürfen. Aber erst möchte sie dich darin unterrichten, wie du dich zu deren Empfang in höhere Dimensionen begeben kannst. Dafür übermittelt sie dir nun die Pyramiden-Methode …*

## Die Pyramiden-Methode

Begib dich an einen Platz, an dem du ungestört bist. Du kannst dich hinsetzen oder auch hinlegen. Nimm auf jeden Fall eine bequeme Position ein. Wenn du möchtest, lege dir entspannende Musik auf. Atme in einem Rhythmus, der dir gut tut, ein paar Mal tief ein und aus.

Stell dir jetzt eine blaue Pyramide über deinem Kopf vor, deren Spitze dein Kronenchakra berührt. Lass diese feinstoffliche Struktur langsam hinabsinken, bis sie vollständig deinen Kopfbereich ausfüllt. Stell dir vor, wie sich die Pyramide dreht, bis sie nach oben weist, und in alle Richtungen hinaus ausdehnt, über deinen Körper hinaus, und dabei weiter nach unten sinkt, bis du praktisch auf dem Boden der Pyramidenstruktur sitzt oder liegst. Die Spitze der Pyramide über dir dient deinem Kronenchakra nun als Antenne, und du kannst die Dimension rufen, in die du eintauchen möchtest. Sobald die Pyramide nach rechts zu rotieren beginnt, triff deine Wahl und bitte zum Beispiel um den Zustrom aus der fünften Dimension.

Du spürst sofort, wie die Energien aus der fünften Dimension in dich hineinfließen und dich mit Licht erfüllen. Atme gleichmäßig ein und aus und entspanne dich.

Beobachte, wie die Pyramide um dich herum sich noch weiter ausdehnt, bis du ihre Grenzen nicht mehr wahrnehmen kannst. Du schwebst an Ort und Stelle und spürst, wie die Energien der fünften Dimension dich erfüllen und tragen.

Lass dir Zeit und bleibe so lange in dieser Dimension, wie du möchtest. Entspanne dich, sitze oder liege derweil in der Schwebe und spüre, wie die Energien der fünften Dimension durch dich hindurchfließen. Du spürst ein Gefühl von Frieden und Wohlbefinden und hast Wahrnehmungen aus der fünften Dimension. Du kannst die fünfte Dimension betreten und ihre Energien so richtig genießen. Nimm dir die Zeit, die du brauchst, um alles zu erforschen …

Dann, nach einer Weile, kehre wieder ins Hier und Jetzt zurück und spüre deine neue Kraft. Fokussiere dich auf dein Kronenchakra und entlasse die Pyramide, in der du schwebst, nach oben ins Universum. Du siehst, wie die Pyramide um dich herum aufsteigt, während dein Körper an Ort und Stelle bleibt. Die Pyramide bleibt dort im Universum, bis du sie erneut rufst. Du bist nun wieder Teil deiner Welt.

*Der nächste Schritt besteht darin, das Dimensions-Channeling zu erlernen. Nun, da du Zugang zur Dimension deiner Wahl hast und alle Eindrücke aus dieser Dimension empfangen kannst, geht es darum, sich vertrauensvoll in der gewählten Energiefrequenz zu bewegen.*

*Bereite dich auf diese Übung gut vor. Sorge dafür, dass du viel Ruhe hast und an einem ruhigen Ort bist, an dem du nicht unterbrochen wirst. Es ist auch wichtig, dich vor und nach dem Channeling zu erden. Tue dies, indem du dir vorstellst, dass Wurzeln aus deinen Fußsohlen in die Erde wachsen. Dann solltest du, wenn du noch nicht so viel Erfahrung hast, die Pyramiden-Methode machen, die wir gerade beschrieben haben.*

*Und dann baust du nach der folgenden Anleitung um dich herum ein Feld auf, das deinen Körper auf die Astralebene hebt. Das verstärkt deine Fähigkeit zum Dimensions-Channeln.*

## Die Technik des Dimensions-Channeling

Denke daran, dich gut zu erden. Das hilft dir, dich in deinem Körper zu verankern und präsent zu sein. Dann nimm ein paar tiefe Atemzüge und entspanne dich.

Sobald du dich ruhig fühlst, visualisiere ein weißes Licht, das dich umgibt. Sieh dieses Licht als Schutz und Liebe.

Summe mit deiner inneren Stimme das Wort AAN.

Fühle, wie dich die Töne von AAN tragen.

Erinnere dich an die Dimension, die du durch die Pyramiden-Methode erreicht hast. Öffne deinen Kanal mit deiner Absicht und deinem Fokus. Lass die Pyramide, in der du schwebst, rechts herum kreisen und folge den Energien.

Vielleicht siehst du jetzt vor dir eine Tür, einen Tunnel oder eine Treppe. Sobald du die Tür geöffnet und durch den Tunnel gegangen oder die Treppe hinaufgestiegen bist, lässt du dich von deiner Intuition leiten. Folge den Zeichen und Symbolen, die du um dich herum siehst. Rufe ein Lichtwesen, an das du deine Fragen richtest, oder deinen galaktischen Geistführer herbei und bitte ihn, dich zu unterstützen.

Lass dir Zeit und empfange alles, was zu dir kommt, ohne zu bewerten und ohne Druck.

Schreibe die Botschaften auf, wenn du möchtest.

Bedanke dich bei deiner Seele für dieses Erlebnis und bei dem lichten Wesen deiner Wahl.

Schließe deinen Kanal wieder.

Kehre langsam in dein Hier und Jetzt zurück.

*Mai'Medanaa sagt, dass du mit dieser Methode ganz besonders wichtige Botschaften empfangen und besonders tiefe Erfahrungen machen wirst. Manche werden diese Art des Channelns als sehr leicht empfinden, andere vielleicht als schwierig. Du solltest dich beim Channeln jedenfalls immer wohl fühlen und aus tiefstem Herzen vertrauen. Das Dimensions-Channeln ist eine intensive und schöne Erfahrung, die dein Leben verändern wird.*

*Mai'Medanaa wünscht sich so sehr, dass so viele Menschen wie möglich diese Methode erlernen, weil sie erheblich intensiver und genauer ist als das herkömmliche Channeln. Mit dieser Methode wirst du wichtige Botschaften erhalten, die dir auf deinem Weg helfen.*

# 8

# Die faszinierende Welt der Andromedaner

Mai'Medanaa wird uns jetzt von den Andromedanern berichten. Diese Wesen sind sehr groß und von schlanker Statur. Sie haben türkis-blaue Augen, in denen das Licht des Kosmos und die Liebe des All-Einen leuchtet. Ihre Haut ist zartgrün, und manche von ihnen tragen silberweißes Haar. Mai'Medanaas Haar ist türkisfarben, weil sie eine auserwählte Lehrerin und Hüterin ist, die in ihrer Galaxis besonders hoch angesehen sind.

Zumindest erscheint uns Mai'Medanaa in dieser Gestalt, denn die Andromedaner sind eine sehr fortgeschrittene Zivilisation, die es schon seit vielen Millionen Jahren gibt. Viele von ihnen, darunter auch Mai'Medanaa, haben sich so weit entwickelt, dass sie überhaupt keine physischen Körper mehr brauchen und als reine Energiewesen existieren können. Sie sind auch als »Bewahrer der Herzenskraft« bekannt und dafür verantwortlich, die hochfrequente Energie der Zentralsonne zu halten und im gesamten Kosmos zu verteilen.

Mai'Medanaa ist diejenige, die mich zuerst kontaktiert hat und mir von ihrer Zivilisation und ihrer Arbeit erzählte. Sie sagt immer wieder, dass die Andromedaner hier sind, um den Menschen zu helfen, sich daran zu erinnern, wer sie sind und warum sie hier sind. Sie sagt, dass wir unsere wahre Natur vergessen haben und dass wir uns an unsere Verbindung zur Quelle von Allem-was-ist erinnern müssen. Sie sagt, dass wir alle miteinander verbunden sind und dass wir alle eins sind. Diese Aussagen hat sie sehr oft wiederholt. Es ist ihr zweifellos wichtig, dass ich sie an die Menschen in diesem Buch weitergebe.

## Wie die Andromedaner tanzen, feiern und lieben

Andromedaner tragen allgemein ein sehr hohes Bewusstsein und sind auch im gesamten Kosmos für ihre große Liebe zum Tanz und zur Musik bekannt. Sie sind meistens überaus fröhlich und gut gelaunt, ihr Lachen ist ansteckend, und sie lieben es, alles, was sie tun, mit jeder einzelnen Faser zu genießen. Sie leben ganz und gar im Moment. Frau und Mann gehen bei ihnen oft langfristige Beziehungen ein, und während die Frauen vorwiegend logisch und kämpferisch sind, erweisen sich die Männer eher als romantisch und feinfühlig.

Andromedaner beiderlei Geschlechts sind großartige Liebhaber, leidenschaftlich und sensibel, und bleiben oft stundenlang in der Vereinigung zusammen. Sie sind sehr gut darin, die Energie ihres Partners zu lesen, und wissen genau, was er braucht. Das wird dadurch ermöglicht, dass sie telepathisch sind. Sie verschmelzen energetisch miteinander, und ihre Auren schimmern perlmuttfarben, wenn sie sich lieben.

Beim Höhepunkt, der eine geraume Zeit andauert, beginnen die Lichtkörper zu summen und zu klingen. Sie bringen dann wundervolle Töne hervor, die kosmischen Tonleitern folgen, welche wir Menschen noch nie wahrgenommen haben und mit menschlichen Ohren nicht zu hören sind.

Die Andromedaner sind wahrhafte Meister darin, das Leben zu feiern, und großartige Tänzer. Beim Tanzen bewegen sie ihren gesamten Körper. Sie tanzen oft paarweise oder in Gruppen, und die Energie zwischen ihnen ist elektrisierend. Wenn sie völlig in ihrem Element sind, aktivieren sie ihren Lichtkörper, und er beginnt sich über die Energie der Blume des Lebens in der Luft zu bewegen. Das führt dazu, dass ihr Tanz sie zum Schweben bringt. Sie drehen Pirouetten und machen elegante Bewegungen, die sehr kunstvoll aussehen. Dabei unterstützen sie ihre Instrumente. Die Klänge werden durch Gedankenkraft erzeugt und können auf eine bestimmte Person oder einen Ort gerichtet sein. Wenn ihre Musik zu spielen beginnt, fallen sie oft in Trance und holen das Licht höherer Dimensionen zu sich. Die Klänge, die sie beim Tanzen erzeugen, haben eine Schwingungsfrequenz, die eine positive Wirkung auf Energiefelder hat und dadurch heilsam wirkt.

Im gesamten Kosmos ist bekannt, wie großzügig Andromedaner sind. Sie beschenken ihre Freunde, Verwandten und Bekannten gerne und oft. Ihre Geschenke bestehen aus Lichtenergie und sind sehr schön. Zum Beispiel verschenken sie ***Lichtkristalle***, die in unzähligen kosmischen Farben schimmern und verwendet werden, um Informationen und Wissen zu speichern. Manchmal sind sie mit ganz besonders liebevollen Nachrichten besprochen.

Ein anderes Geschenk sind die sogenannten ***Lichteier***. Das sind Lichtkugeln, die zum persönlichen Schutz weitergegeben werden. Das Lichtei umgibt den Beschenkten mit einem Feld aus hochfrequenter Energie, die negative Einflüsse von ihm fernhält. Mai'Medanaa sagt, dass die Andromedaner der Erde dieses Geschenk vor vielen Jahren gemacht haben, um den

Menschen bei ihrer Entwicklung zu helfen. Leider ging dieses Geschenk irgendwann verloren, und mit ihm das Wissen darüber. Es wird jedoch nicht lange dauern, bis wir Menschen uns daran erinnern und es wieder nutzen können.

Andromedaner verschenken auch gerne einen ***Lichtring***, ein wirklich wundervolles Geschenk. Der Lichtring besteht aus hochfrequenter Energie und ist mit dem höheren Selbst verbunden. Wenn jemand dieses Geschenk erhält, kann er sich an seine wahre Identität und seinen Lebenszweck erinnern. Er wird mit dem Ring seine Lichtfamilie erkennen und begreifen, dass er ein ewiges Wesen des Lichts und der Liebe ist.

Dann gibt es bei den Andromedanern noch den ***Lichtduft***. Dieses Geschenk ist aus den wohlriechensten Lichtblumen der Galaxis hergestellt. Es heißt, wenn jemand diesen wundervollen Duft riecht, kann er sich an all seine Inkarnationen erinnern und fühlen, wo seine wahre Heimat ist und wer er wirklich ist. Den Lichtduft schenken die Andromedaner ihren Kindern, wenn sie mit der großen Schulung beginnen.

Schließlich gibt es noch ein technisches Gerät, das ihnen gerne als Geschenk dient: der ***Lichttransformator***. Er erhöht die Frequenz des Lichts. Damit können die Andromedaner einen Menschen von jeglichen Krankheiten heilen und sein Bewusstsein auf die nächsthöhere Stufe heben. Jeder, der auf Andromeda geschult wird, bekommt so einen Lichttransformator, um seine Frequenz entsprechend zu erhöhen. Das ist für den Menschen ein sehr wichtiger Vorgang, denn nur dann können wir unser begrenztes Denken hinter uns lassen und in die Weite des kosmischen Bewusstseins eintreten.

Andromedaner erfinden ständig neue Lichtgeschenke. Sie sind sehr empathische Wesen und haben bereits eine hohe Evolutionsstufe erreicht. Als unsere Freunde und Verbündeten in der kosmischen Familie zeigen sie ein großes Interesse an der

Entwicklung von uns, und wir können sicher sein, dass sie uns auf unserem positiven und lichtvollen Weg immer gerne helfen werden. Wir können viel von ihnen lernen.

Andromedaner befinden sich in perfekter Harmonie mit dem Kosmos. Sie bevölkern in ihrer Galaxis zahllose Sternensysteme mit den unterschiedlichsten Planeten, auf denen sie Lichthäuser aus hochfrequenter Energie errichtet haben, die unfassbar schön anzusehen sind. Seit Tausenden von Jahren leben sie bereits in solchen Lichthäusern und sind damit sehr glücklich.

In diesen Lichthäusern befinden sich Räume, die für verschiedene Zwecke genutzt werden. Es gibt spezielle Räume zur Aufnahme von Lichtnahrung. Es gibt auch Räume, in denen man Lichtbäder nehmen kann. Bei diesen Bädern reinigen die Andromedaner ihr Energiefeld und erhöhen dadurch ihre Frequenz. Es gibt Räume für Meditation und Kontemplation. Dort verbinden sich die Andromedaner mit der Quelle von Allem-was-ist und erhalten Führung und Inspiration.

Jede Siedlung der Andromedaner auf einem Planeten hat ein Haupthaus mit einem Versammlungsraum, in dem wichtige Angelegenheiten besprochen und Erfahrungen und Wissen ausgetauscht werden. Oft bewirten sie dort besondere Gäste aus anderen Galaxien. Diese Gäste sind immer sehr willkommen und werden mit großem Respekt behandelt.

Manche Andromedaner, die weit gereist sind, ziehen allerdings Steinhäuser vor. Solche Häuser sind aus der physischen Materie des jeweiligen Planeten zusammengesetzt, auf dem sie sich niedergelassen haben. Manche bestehen aber auch aus Kometenstaub, den die Bewohner aus dem planetennahen Bereich bezogen und für das Bauwerk verdichtet haben.

Sie nutzen in ihren Unterkünften für jegliche Zwecke das Licht der Sterne und leben dort in der wundervollen Gewissheit, dass das Universum für alles sorgt.

*Bei einem der nächsten Kontakte, die ich mit Mai'Medanaa hatte, fragte ich sie nach den verschiedenen Ritualen und Traditionen auf Andromeda. Sie sagte, da gäbe es sehr viele, und begeistert schilderte sie mir als Erstes eine der wichtigsten andromedanischen Zeremonien …*

## Das heilige Ritual zur Anbindung an die Zentralsonne

Wie du weißt, tragen die Andromedaner die Energie des kosmischen Herzchakras in ihrem Wesen, und eine der höchsten Zeremonien ist die Anbindung an das kosmische Herzchakra, um sich anschließend mit der Zentralsonne zu verbinden. Um an dieser Zeremonie teilzunehmen, müssen die Andromedaner vorher bestimmte Ausbildungen durchlaufen, und zeigen, dass sie würdig sind, an diesem heiligen Ritual teilzunehmen.

Das Zentralsonnen-Ritual bildet die Grundlage der Gemeinschaften auf Andromeda. In der Lichtsprache wird es RA-MU-EL genannt, was so viel bedeutet wie »Ich bin eins mit dem Licht«. Das ist eine sehr kraftvolle und uralte Aussage, die erstmals von den Andromedanern verwendet wurde, als sie sich mit der Zentralsonne verbanden.

Das Ziel von RA-MU-EL besteht darin, sich mit der höchsten Energie- und Liebesquelle des Universums zu verbinden und die Energie des Herzchakras zu integrieren.

Wenn feststeht, dass diese Feierlichkeit abgehalten werden soll, versammeln sich die höchsten Lehrer und Priesterinnen ihrer Gemeinschaft zu einem bestimmten Zeitpunkt im größten Lichtgebäude ihrer größten Lichtstätte in einem Lichttempel, genannt LU-MA-SO. Er ist mit kosmischen Lichtern geschmückt und erstrahlt in den Farben der Zentralsonne. In der

Mitte des Tempels befindet sich eine große Lichtsäule, die als Verbindung zur Zentralsonne dient. Jeder Andromedaner, der an diesem Ritual teilnimmt, bekommt ein spezielles Elixier zu trinken, das ihm hilft, sich in tiefer Trance mit der Energie der Zentralsonne zu verbinden. Anschließend stellt er sich vor die Lichtsäule und sendet seine ganze Liebe und kosmische Herzenenergie in die Lichtsäule. Auf diese Weise schafft die Gruppe eine starke Verbindung zur Quelle von Allem-was-ist.

Die Priesterinnen beginnen zu chanten. Sie verwenden dazu Töne in der Lichtsprache von Andromeda, die in der Lage sind, das kosmische Herzchakra zu entfalten. Gleichzeitig bringen sie damit ihre Bitte zum Ausdruck, die Einzuweihenden aufzunehmen. Sie singen mit Inbrunst die Worte: »Wir sind eins mit dem Licht, wir sind eins mit der Liebe.«

Und dann passiert es: Die Eingeweihten spüren, wie eine starke Energie durch ihren Körper strömt. Sie sehen und spüren, wie das Licht der Zentralsonne in ihr Wesen fließt. Sie spüren, wie sich ihr Herzchakra ausdehnt und sie kosmische Energien direkt von der Zentralsonne empfangen.

Danach sitzen die Lehrer und Priesterinnen, immer noch um die Lichtsäule herum, mit den Andromedanern, die an dem Ritual teilgenommen haben, in einem meditativen Zustand zusammen. Sie stellen sich selbst als Lichtstrahlen vor, die auf den lichtvollen Energiefluss der Zentralsonne antworten. Sie sehen, wie die Lichtstrahlen aus dem Zentrum ihres Wesens hervorgehen, wie sie sich unendlich ausdehnen und eins werden mit dem Licht der Zentralsonne. Die Einweihungsenergie fließt mit ganzer Kraft durch sie hindurch. Viele von ihnen bekommen intensive Visionen und Botschaften und verharren sehr lange in diesem Zustand. Sie fühlen sich eins mit Allem-was-ist. Sie spüren eine tiefe Verbindung mit allem Leben im Universum und verstehen die wahre Natur der Realität.

Durch diese kraftvolle Initiation sind sie bereit, ihren Platz als andromedanische Lichtbürger einzunehmen.

Nach der Einweihung verlassen sie den Tempel und kehren zu ihren Familien zurück. Von diesem Tag an nehmen sie an allen gesellschaftlichen Aktivitäten teil. Sie haben auch die Verantwortung, anderen zu helfen, die die gleiche Einweihung durchlaufen wollen, denn es ist ein sehr kraftvolles und heiliges Ritual, das seit vielen Generationen weitergegeben wird.

*Die Andromedaner führen ihr Leben im Einklang mit den kosmischen Gesetzen und sind stets bestrebt, ihr Bewusstsein zu erweitern. Sie wissen, dass wir alle miteinander verbunden sind und dass wir alle Eins sind, und sie setzen sich stets für das höchste Gut aller ein. Das zeigt sich besonders in einem Ritual, das nur alle zweiundzwanzig Jahre stattfindet.*

*Mai'Medanaa berichtet von der …*

## Begegnung der beiden Sonnen

Die Andromedaner kommen in regelmäßigen Abständen zusammen, um das Licht der Zentralsonne zu stärken, es zu halten und im ganzen Kosmos zu verteilen. Sie sagen, es ist für das gesamte Universum und alle darin lebenden Wesen sehr wichtig, dass die Liebe des kosmischen Herzchakras von ihnen genährt und immer weiter ausgedehnt wird.

Damit wir das besser verstehen, beschreibt Mai'Medanaa ein besonderes Ereignis, das alle zweiundzwanzig Jahre stattfindet. Es ist die sogenannte Begegnung der beiden Sonnen. Unsere Sonne und die Zentralsonne von Andromeda stehen dann immer in einer Linie und erzeugen ein sehr starkes Energiefeld.

Die Kraft der beiden Sonnen wirkt ein Jahr lang an allen Tagen, und alle Wesen aus Andromeda versammeln sich in diesem Feld und baden im Licht der beiden Sonnen. Das ist für sie ein ganz besonderes und heiliges Ereignis, denn es hilft ihnen, sich an ihre Anbindung an die Quelle von Allem-was-ist zu erinnern, und es stärkt ihre Verbindung mit der Liebe und dem Licht der Zentralsonne ihrer Galaxis.

Es heißt, dass zu dieser Zeit das große kosmisches Herzchakra zweiundzwanzig Mal mehr Kraft hat und seine Energie von der Zentralsonne Andromedas über die Sonne des irdischen Planetensystems auf die Erde ausstrahlt. In dieser Zeit erwachen viele Erdenmenschen und erinnern sich an ihre wahre Natur. Das leitet immer eine Zeit der großen Transformation und des Wandels für die gesamte Menschheit ein. Im Jahre 2022 fand das letzte große Ereignis statt, das jetzt einundzwanzig Jahre lang anhaltend Wirkung zeigt.

Die Andromedaner sagen, dass die Menschen auf der Erde diese kosmische Energie brauchen, weil sie sich gerade vom Zeitalter der Dunkelheit in das Zeitalter des Lichts bewegen. Das ist ein Übergang, der für viele Menschen sehr herausfordernd ist. Aber sie sagen auch, dass sie uns bei jedem Schritt begleiten, denn wir sind alle verbunden. Sie sind unsere Brüder und Schwestern von den Sternen, und wir sind alle eins.

*Wenn Mai'Medanaa mir ihre Worte diktiert, fühle ich sehr stark ihre Sonnenherzenergie und Güte. Sie erweckt in mir ein Gefühl von tiefer Liebe und Verbundenheit mit der ganzen Menschheit. Ich spüre ihre große Liebe für die Erde und alle ihrer Bewohner. Sie sagt so oft zu mir, dass wir alle aus demselben Sternenstaub gemacht sind und deshalb alle miteinander verbunden sind. Wir sind alle eins. Das ist ein schönes Bild, das ich tief in meinem Herzen trage. Und es bezieht sich auch auf…*

# Die großen Lichttiere von Andromeda

In Andromeda gibt es eine besondere Art von Tieren. Sie gelten als die schönsten Geschöpfe im Universum, und Mai'Medanaa sagt, sie werden die großen Lichttiere genannt. Sie sagt, es gibt auch noch kleine Lichttiere, doch dazu kommen wir später. Die großen Lichttiere von Andromeda sind sehr sanfte und liebevolle Wesen, die alles dafür tun, um Licht und Hoffnung in die Galaxis zu bringen. Sie bestehen vollkommen aus Licht, sind sehr schnell und wendig und in der Lage, ihre Form, Farbe und Gestalt nach Belieben zu verändern. Sie können fliegen und durch Wände gehen, manche sagen sogar, sie könnten teleportieren. Dabei haben sie eine friedliche und beruhigende Energie, und bei ihrem Anblick kann man nicht anders, als sich glücklich und in Frieden zu fühlen. Die großen Lichttiere sind sehr intelligent und haben eine gute Verbindung zu allen anderen Wesen. Sie leiten einen durch die Träume und spenden unermesslich viel Trost. Deshalb sind sie auch Boten des Wandels für Wesen, die noch nicht so weit in ihrer Entwicklung sind. Es ist kein Wunder, dass sie den Andromedanern so wichtig sind und in ihrem Leben eine große Rolle spielen. Sie sind immer da, um zu helfen und diejenigen zu unterstützen, die sich verloren oder überfordert fühlen. Auf der Erde gibt es bisher nur wenige, aber es wäre für jeden Menschen eine große Unterstützung, wenn ein solches Lichttier ihn begleiten würde.

Einem Andromedaner wird schon kurz nach seiner Geburt ein großes Lichttier zugeordnet, mit dem er eng verbunden ist. Große Lichttiere leben im Kosmischen Garten von Andromeda, und die Eltern nehmen ihr andromedanisches Kind an seinem ersten Geburtstag mit in den Garten der Lichttiere. Dort trifft das Kind alle großen Lichttiere und lernt sie kennen. Es kann spüren, welches Tier sich zu ihm hingezogen fühlt und welches es am liebsten mag. Das Kind öffnet sein Herz und wendet sich dem Tier zu, das für es bestimmt ist. Das große Lichttier spürt die Energie und Liebe des jungen Andromedaners und kommt zu ihm. Sie sitzen eine Weile zusammen und tauschen sich mental mit den Eltern aus, dann nennt das große Lichttier seinen Namen und verschwindet wieder. Bei diesem Namen kann es jederzeit gerufen werden und ist sofort zur Stelle, wenn es gebraucht wird.

Der junge Andromedaner ist nun ein Leben lang mit seinem großen Lichttier verbunden. Er kann es jederzeit herbeirufen, wenn er es braucht. Es ist immer für ihn da, auch wenn es nicht körperlich anwesend ist. In Zeiten der Not und bei Schwierigkeiten gleich welcher Art, zur Begleitung in Träumen und um Trost zu spenden, genügt fortan die bloße gedankliche Nennung des Namens, und das Lichttier wird alles tun, um für das Wesen seiner Wahl kraft ihrer gegenseitigen Verbindung das Licht wieder zu erhöhen.

Mai'Medanaa möchte dir einige große Lichttiere vorstellen. Ihr persönliches großes Lichttier, das schon seit ihrer Kindheit bei ihr ist, heißt Lyra. Es ist ein wunderschöner blauer Vogel, sehr sanft und liebevoll. Das große Lichttier eines Andromedaners aus ihrem Freundeskreis heißt Jalla und ist ein großer, starker und äußerst verspielter Hund. Er liebt es, Fangen zu spielen und ist immer da, wenn das mit ihm verbundene Wesen ihn braucht. Ein weiteres großes Lichttier trägt den Namen Kama. Sie ist eine schüchterne und zurückhaltende Katze und überaus schön. Sie liebt es, sich auf dem Schoß ihres Andromedaners zusammenzurollen.

Mai'Medanaa sagt, dass auch manche Menschen der Erde in der Lage sind, mit einem großen Lichttier in Kontakt zu kommen. Sie sagt, dass es noch nicht viele sind, aber es werden immer mehr. Wenn du als Mensch die Chance hast, einem großen Lichttier zu begegnen, kannst du dich glücklich schätzen. Es sind ganz erstaunliche Geschöpfe.

*In der folgenden Botschaft gibt Ma'Medanaa dir die Möglichkeit, dein großes Lichttier kennenzulernen. Lichttiere, die mit Menschen von der Erde in Kontakt stehen, haben eine besondere Ausstrahlung und wurden eigens für den Umgang mit den Menschen geschult. Sie wissen, wie man sich ihnen nähert und was sie brauchen.*

*Mai'Medanaa überbringt dir nun die Botschaft, in der du dein persönliches Lichttier kennenlernen wirst …*

## Lerne dein persönliches Lichttier kennen

Ich begrüße dich mit dem Segen des Lichts von Andromeda, geliebter Mensch der Erde. Ich bin Mai'Medanaa, eine der Sieben Kosmischen Schwestern. Heute möchte ich mit dir über die Lichttiere des Kosmischen Gartens sprechen, besondere Geschöpfe, die eine enge Verbindung zur Energie von Andromeda haben. Sie sind unsere liebevollen Begleiter, die uns in jeder Hinsicht helfen, unser Leben lang. Auch dir, geliebter Mensch, möchten wir nun die Möglichkeit geben, dein persönliches Lichtwesen kennenzulernen. So wurde es mit dem Rat von Andromeda vereinbart, und deshalb haben wir im Kosmischen Garten einen Platz erschaffen, an dem sich Lichttiere versammeln, die gerne einen Menschen von der Erde begleiten möchten. Sie werden dort im Umgang mit Menschen geschult und warten, bis ein Mensch auftaucht, mit dem sie sich verbinden möchten. Wenn du gerne dein persönliches Lichttier treffen möchtest, lade ich dich herzlich ein, diesen Ort zu besuchen.

Atme dazu drei Mal tief ein und aus. Stell dir beim ersten Atemzug vor, dass du von einem wunderschönen weißen Licht umgeben bist. Mit dem zweiten Atemzug spürst du, wie dieses Licht dein ganzes Wesen erfüllt, und mit dem dritten Atemzug lässt du alles los, was dir nicht mehr dient.

Richte nun deine Aufmerksamkeit auf dein Herz und stell dir vor, dass es sich wie eine Blume öffnet.

Wie von selbst trägt dich deine Seele in den Kosmischen Garten von Andromeda. Du befindest dich jetzt genau an der Stelle, wo sich die vielen Lichttiere versammelt haben, die sich den Kontakt zu einem Menschen wünschen.

Setze dich auf den Stein, der vor dir liegt, vertiefe dich in dein Herz und warte ab. Die Lichttiere haben dich erkannt und kommen auf dich zu. Sie laufen neugierig im Kreis um dich herum und betrachten dich interessiert. Du fühlst ihre tiefe Liebe und bist voller Freude.

Dann kommt ein Tier auf dich zu und bleibt vor dir stehen. Du fühlst seine Energie und erkennst seine Gestalt. Schau es dir genau an. Wie sieht es aus? Welche Farbe hat es? Wie fühlt es sich an? Verbringe etwas Zeit mit diesem Lichttier und lerne es kennen. Sprich mit ihm, damit du eine vertrauensvolle Beziehung zu ihm aufbauen kannst. Es wird dir auf deinem Weg eine große Stütze sein.

Sobald es dir seinen Namen sagt, seid ihr für immer verbunden, und du kannst es zu dir rufen, wenn du es brauchst. Rufe es und bitte es, dich zu beraten oder zu begleiten. Es wird dir eine große Hilfe in deinem Alltag sein.

Es ist jetzt dein persönliches Lichttier und wird immer bei dir sein, auch wenn du es nicht siehst. Du kannst es immer kontaktieren, wenn du Unterstützung brauchst. Konzentriere dich einfach auf seine Energie, rufe es beim Namen und bitte es um Hilfe. Es wird für dich da sein.

Jetzt, wo du dein persönliches Lichttier kennengelernt hast, bedanke dich beim Kosmischen Garten und bei deinem Lichttier, bevor du den wunderschönen Kosmischen Garten ganz beseelt verlässt. Kehre langsam in deine Räume zurück, bewege Hände und Füße und sei wieder ganz da.

Ich, Mai'Medanaa, lächele dich an. Es ist vollbracht. Der Kontakt zu deinem persönlichen Lichttier wurde hergestellt, und so verabschiede ich mich nun mit dem Segen des Lichts von dir, geliebter Mensch von der Erde.

*Mai'Medanaas Botschaft und die kleine Reise zu den Lichttieren hat dir hoffentlich gefallen. Ich rate dir, dass du den Kontakt zu deinem Lichttier aufrechterhältst, damit du seine tiefe Verbindung zur Andromeda-Energie nutzen kannst. Zögere nicht, es jederzeit um Hilfe zu bitten. Und nun möchte ich an dich weitergeben, was ich von Mai'Medanaa über die Drachen von Andromeda erfahren habe. Auch sie können dir eine große Unterstützung sein.*

## Meine Begegnung mit kleinen Lichttieren und einem großen Drachen

Es gibt viele Lichttiere und Drachen in Andromeda. Die Lichttiere helfen, die Galaxis im Gleichgewicht zu halten, während die Drachen für Schutz und Führung sorgen. Jeder Drache hat eine bestimmte Aufgabe in Andromeda, und sie arbeiten zusammen, um eine blühende Umwelt zu schaffen.

Doch bevor ich von den Drachen berichte, möchte ich dir erzählen, was ich über die Lichttiere erfuhr. Der Begriff war für mich neu. Ich hatte noch nie von Lichttieren gehört, bis Mai'Medanaa mir von ihnen erzählte. Ich war fasziniert von der

Vorstellung, dass sie dabei helfen, alles in Harmonie zu halten. Ich wollte mehr über diese geheimnisvollen Wesen erfahren, und so bat ich sie, mir davon zu erzählen.

Mai'Medanaa sagt, dass es viele verschiedene Arten von Lichttieren gibt, jedes mit seiner eigenen einzigartigen Aufgabe. Sie sind die Hüter des besonderen Lichts von Andromeda, das man nur im Kosmischen Garten findet. Sie sorgen für das innere Gleichgewicht aller Wesen in dieser Galaxis. Am besten gefallen mir die kleinen Wesen unter den Lichttieren, die zu sehen mir Mai'Medanaa beigebracht hat.

Wenn man sie betrachtet, sehen sie aus, als bestünden sie nur aus Licht. Sie sind so wunderschön, und ich bin sehr glücklich, dass ich sie wahrnehmen kann. Sie schimmern perlmuttfarben oder in Regenbogenfarben. Wie kleine Lichtpunkte tanzen sie lustig in der Luft herum. Manchmal setzen sie sich auf die Schultern oder die Arme anderer Wesen und schimmern in changierenden Farben. Die Kinder von Andromeda lieben diese kleinen Lichttiere sehr und spielen oft mit ihnen.

Manchmal kommen unzählige kleine Lichttiere zusammen und formen Muster, die schnell wechseln und bezaubernde Bilder in die Luft malen. Sie wirken dann wie sich bewegende Mandalas. Durch ihre Bewegung entsteht eine bestimmte Schwingung, die sich überall ausbreitet und eine beruhigende Wirkung auf die Wesen von Andromeda hat. Die kleinen Lichttiere sind auch sehr hilfreich, wenn jemand krank ist. Sie setzen sich dann dort auf den Körper des Wesens, wo sie gebraucht werden, und helfen bei der Heilung. Dazu bilden sie energetische Lichtmandalas oder Lichtmuster mit verschiedenen Frequenzen. So wird die Heilkraft der Wesen von Andromeda angeregt, und eine rasche Heilung kann geschehen. Aus diesem Grund sind sie fast nie krank. Sie nutzen die Energie der Lichttiere regelmäßig auch zur Erhaltung ihrer Gesundheit und zur allgemeinen Stärkung.

Jetzt kommen wir zu den Drachen. Es sind besondere Drachen, von denen ich, bis Mai'Medanaa mir von ihnen berichtete, nie gehört hatte. Sie bestehen, wenn sie noch klein sind, vollkommen aus Licht und wandeln sich, je älter sie werden, zu immer solideren Lichtkörpern. Danach nehmen sie eine physische Form an. Sie können sich aber jederzeit unsichtbar machen und zeigen sich dann nur, wenn sie es wollen oder dies nötig ist. Sie sind die Beschützer von Andromeda, und es gibt ganz unterschiedliche Arten, wie galaktische Sonnendrachen, Sternendrachen, Energiedrachen und Planetendrachen.

Mai'Medanaa sagt, dass es eine Spezies gibt, die sich besonders eng und gerne mit den Menschen verbindet. Das sind die sogenannten Seelendrachen. Sie stärken die Seelenenergie des Menschen und halten sie im Gleichgewicht, was den Menschen auf seinem Lebensweg unterstützt. All das faszinierte mich sehr, und ich fragte Mai'Medanaa, ob ich einen dieser Drachen treffen könne. Das sei kein Problem, sagte sie, und nahm mich mit in den Kosmischen Garten. Sie kennt dort einen Platz, wo man sie oft antrifft.

Und tatsächlich, kaum waren wir dort, kam ein wunderschöner Lichtdrache auf uns zugeflogen und landete vor mir. Erst hielt er einen Sicherheitsabstand und beäugte mich eine Weile. Dann tappte er langsam näher und setzte sich vor mich hin.

Mai'Medanaa sagt, dass es ein junger Drache von etwa fünfhundert Jahren war, noch in der Ausbildung. Sie meint, in ein paar hundert Jahren nähme er seine endgültige Form an. Jetzt befände er sich noch in seinem Lichtkörperprozess.

Der junge Seelendrache schaute mich mit seinen großen, weisen Augen an, die golden schimmerten, und ich spürte, wie sich eine Lichtbrücke der Liebe zwischen ihm und mir aufbaute. Ich war wie verzaubert und konnte meinen Blick nicht von ihm wenden.

Eine neue Welt tat sich für mich auf, die mit Worten nur schwer zu beschreiben ist.

Er öffnete mir vertrauensvoll seine Seele, und ich sah die Schöpfung, das Universum und Andromeda durch seine Augen. Ich sah die Erde und die Menschen durch ihn. Ich spürte seine große Liebe für alles Leben und die tiefe Weisheit, die in ihm wohnte. Am liebsten wäre ich für immer mit ihm verbunden geblieben, aber Mai'Medanaa sagt, es sei an der Zeit, dass ich mich mit dem großen Lichtdrachen verbinde, der gleich zu uns kommt.

Also verabschiedete ich mich von ihm, auch wenn es mir schwerfiel, sehr achtsam und dankbar. Er machte mir zum Abschied ein Geschenk: eine Drachenperle aus Licht. Dies sei eine besondere Ehre, sagt Mai'Medanaa.

Ich war sehr glücklich über die Lichtperle und die wunderbaren Erfahrungen, die ich mit dem Seelendrachen teilen durfte. Er verneigte sich liebevoll vor mir und schwebte mit einem sanften Rauschen davon.

Dann hörte ich ein imposantes Geräusch über unseren Köpfen. Ein riesiger Lichtdrache flog auf uns zu. Mit riesig meine ich, so groß wie ein Zweifamilienhaus. Dies sei der Drache, sagt Mai'Medanaa, mit dem ich mich unbedingt verbinden sollte. Er sei einer der ältesten und mächtigsten Drachen in Andromeda. Er sei für den Energiefluss in der Galaxis verantwortlich und bilde die jungen Drachen aus.

Ich hatte ein bisschen Angst, weil er so groß war, aber Mai'Medanaa sagt, ich bräuchte keine Angst zu haben, weil er sich nur mit mir verbinden würde, wenn ich das wirklich wollte. Da ich aber sehr neugierig war und gerade die unendlich tiefe Liebe des kleinen Drachens gespürt hatte, öffnete ich mein Herz. Und das, was dann geschah, dieses Erlebnis, wird mir für immer in Erinnerung bleiben.

Ich spürte, wie eine unglaubliche Lichtenergie in meinen Körper und meine Seele einfloss, die all die unerlösten Dinge der Dualität in mir vollständig auflöste. Ich sah mein Leben mit einem Mal aus einer anderen Perspektive und verstand Zusammenhänge, die ich vorher nie verstanden hatte. Ich befand mich in einer anderen Welt.

Ich sah auch, wie viel Licht und Liebe es im Universum und in allen Wesen gibt. Vor allem sah ich das Licht unseres Schöpfers und das Licht meiner eigenen Seele. Ich empfand eine immense Dankbarkeit für diese Erfahrung und für all die Lichtwesen, die uns auf unserem Weg unterstützen. Ich konnte die Unendlichkeit der Liebe, Achtsamkeit und Glückseligkeit förmlich vor meinen Augen sehen und tief in mir fühlen. Es war wie ein Liebesrausch, eine aufregende Ektase von nie gekannten Gefühlen, die mich einluden, mich fallen zu lassen. So ließ sich alles zu und wurde gefühlt zu Licht. Es gab nur Licht. Ich selbst war Licht. Wir waren *ein* Licht. *Eine* Liebe. *Ein* glückseliges Bewusstsein.

Ich bin heute noch erstaunt, wie tief diese Erfahrung mich und meine Wahrnehmung des Lebens verändert hat. Von da an wusste ich, dass alles Licht und Liebe ist und dass wir alle durch das Licht miteinander verbunden sind.

Mai'Medanaa sagte mir später, dass es nicht immer möglich ist, eine so tiefe Verbindung mit einem großen Drachen zu haben und dass ich großes Glück hatte, dies erleben zu dürfen.

*Derselbe große Drache, den ich bei diesem Ausflug mit Mai'Medanaa traf, begegnet mir noch heute manchmal in meinen Meditationen. Wenn ich ihn rufe, dauert es nie lange, und er ist bei mir. Ich weiß, dass er mich dabei unterstützt, die hohe Liebesenergie von Andromeda auch auf der Erde zu halten, und so fragte ich ihn, ob er nicht eine Botschaft für die Menschheit habe. Folgendes hatte er zu sagen …*

## Eine Botschaft des Seelendrachen Anraikan

Liebe Menschen der Erde, ich bin einer der mächtigsten Drachen von Andromeda, mein Name ist Anraikan, und ich leite den Energiefluss unserer Galaxis in der göttlichen Ordnung, welche die vollkommene Liebe trägt. Ich sende euch allen den Segen des Lichts unserer wundervollen Galaxis und freue mich, heute zu euch zu sprechen.

Andromeda ist eine sehr lichtvolle Galaxis, ein Ort der Liebe und der Harmonie, und die Energie hier ist äußerst intensiv. Deshalb ist es für ihre Bewohner so wichtig, diese Energie im Gleichgewicht zu halten. Wir Drachen sind dafür verantwortlich und arbeiten eng mit Lichtwesen aus vielen verschiedenen Dimensionen zusammen, um die hohe Lichtqualität und

Schwingung unserer Galaxis stabil zu halten. Die Lichttiere aus dem Kosmischen Garten, sehr leichte und verspielte Geschöpfe, helfen uns, negative Energien zu bereinigen. Sie erfüllen ihre Aufgabe erstklassig. Wir lieben sie sehr. Alle Wesen, die hier leben, sind im Licht miteinander verbunden. Eine meiner Lieblingsaufgaben ist es, die jungen Lichtdrachen zu trainieren. Einen von ihnen konntest du schon kennenlernen.

Licht ist für uns der Baustoff der Welt.

Licht ist feinstoffliche Schwingung, und ich wende mich heute an euch, damit euch bewusst wird, dass ihr alle Wesen aus Licht seid. Ihr seid Lichtwesen, genau wie wir. Ihr tragt das gleiche Licht in euch, und wir sind über die galaktische Blume des Lebens miteinander verbunden. Sie trägt die Energie des Schöpfers, der uns alle unsagbar liebt.

Ihr seid auch Sternenwesen wie wir, denn ihr lebt in der Milchstraße als eine Spezies aus unserer Mitte. Ihr gehört zu uns, und es gibt noch viel mehr Wesen aus der Sternensaat im großen Universum, die mit euch verbunden sind.

Nutzt das Licht, das in euch eingebracht wurde im Augenblick eurer Inkarnation. Ihr leuchtet weit mehr, als ihr denkt. Habt keine Angst, euer Licht zu nutzen, denn es ist das Licht der Sterne, die durch euch ihre Saat auf euren Planeten ausbringen. Ihr seid die Boten und Träger des kosmischen Lichts.

Ihr Menschen habt eine große Aufgabe übernommen. Ihr habt euch bereit erklärt, die Neue Erde zu erschaffen. Dafür achten wir euch sehr, denn das Universum benötigt eure Welt in der neuen Energieschwingung. Ohne die neue Energieschwingung auf eurem Planeten kann das Universum sein Gleichgewicht nicht halten. Und ohne Gleichgewicht kann es seine Informationen nicht verbreiten, befinden sich Lichtwesen nicht mehr im Austausch miteinander. Das steht wirklich hinter dem Erwachen: Das Wohl des Universums.

Viele Planeten, Sonnensysteme oder Galaxien sind schon den gleichen Weg gegangen. Sie sind vor euch durch das Erwachen gegangen. Wir kennen die Schwierigkeiten, die ihr dabei habt. Einige von euch kennen wir bereits, denn ihr wart als Seelen bei uns, bevor ihr auf der Erde inkarniertet. Deshalb wissen wir auch, dass ihr es schaffen werdet.

Für alle, die schon einmal in Andromeda waren, bilde ich Drachen aus, die eigens für die Begleitung von Menschen geschult sind. Aber auch für andere unter euch, die als Drachenreiter oder Drachenführer geeignet sind und vielleicht früher in Avalon oder Atlantis diesbezüglich Erfahrungen gemacht haben, bilde ich Drachen aus.

Es ist für alles gesorgt. Sobald ein Mensch bereit ist, wird sein Drache zu ihm kommen.

Ihr müsst nur offen dafür sein und eurem Licht folgen.

Wenn ihr eurem Licht folgt, kann die Lichtwelt euch besser erkennen. Sie erkennt dann, dass ihr euch auf dem einen Weg befindet, und sie erkennt, wohin dieser Weg euch führt.

Wenn ihr offen eurem Licht folgt, wird jeder seinen lichtvollen Weg gehen. Die Drachen von Andromeda freuen sich sehr, euch auf eurem Weg begleiten zu dürfen. Es ist ein Weg des Gleichgewichts und der Harmonie. Nichts kann euch von diesem Weg abbringen, solange ihr im Licht bleibt.

Wir Drachen von Andromeda sind hier, um das Licht zu stärken und zu verbreiten mit dem Ziel, jedes Nicht-Licht zu überwinden. Das ist unsere Aufgabe, und wir tun es gerne, denn das Licht ist unser Zuhause.

Ich darf euch versichern, ihr über alle Maßen geschätzten Menschen der Erde, dass wir euch immer lieben und bei euch sind. Ihr seid niemals allein. Fühlt das Licht des Segens von Andromeda, das Anraikan, der große Lichtdrache dieser Galaxis, euch jetzt zum Abschied sendet.

*Mai'Medanaa hat in ihren Botschaften an mich immer wieder darauf hingewiesen, dass es unzählig viele Drachenarten in Andromeda gibt. Es sind nicht nur die Sonnendrachen, Sternendrachen, Energiedrachen und Seelendrachen, die dort lichtvoll wirken, sondern noch erheblich mehr. Die ganze Galaxie scheint auf allen ihren Ebenen von ihnen erfüllt zu sein. Als ich sie dazu befragte, ließ sie mich Folgendes wissen …*

## Die Drachenarten von Andromeda

Ich nenne euch hier die wichtigsten der zahlreichen Drachenarten unserer Galaxis Andromeda: Lichtdrachen, Dunkelheitsdrachen, Feuerdrachen, Wasserdrachen, Luftdrachen, Planetendrachen und Andromedanische Drachen. Sie alle haben verschiedene Herkünfte und zeichnen sich durch unterschiedliche Eigenschaften und Merkmale aus.

- **Lichtdrachen.** Sie sind die mächtigsten aller Drachenarten und sehr alt und weise. Es gibt nur wenige Lichtdrachen im Universum, deshalb sind sie äußerst selten. Sie sind die Verkörperung des Lichts selbst und haben die Fähigkeit, zwischen den Dimensionen zu reisen. Sie repräsentieren eure Gedanken und helfen euch, klar zu denken und die richtigen Entscheidungen zu treffen. Es sind wundervolle und großartige Lehrer, denn sie tragen die unendliche Weisheit des Universums in sich.

- **Dunkelheitsdrachen.** So nennen wir die zweitstärkste aller Drachenarten, die auch als Dunkle Drachen bekannt ist. Sie sind ebenfalls äußerst alt und weise, aber sie werden sehr gefürchtet. Es gibt nur wenige dieser Drachen im Universum. Sie kennen die Gefahren und Geheimnisse der Dunkelheit und haben genau wie Lichtdrachen die Fähigkeit, zwischen den Dimensionen zu reisen. Sie helfen dem Licht, die Dunkelheit zu überwinden, und leiten große Armeen von Kriegerdrachen.

**Feuerdrachen.** Sie sind die drittstärkste aller Drachenarten und haben die Fähigkeit, die Kraft des Feuers zu kontrollieren. Sie sind nicht nur alt und weise, sondern auch besonders kraftvoll und imposant. Als große Krieger und Beschützer findet man sie oft in der Nähe der Dunklen Drachen. Sie transformieren negative Energien in Licht und helfen, das Gleichgewicht zwischen Licht und Dunkelheit zu wahren. Sie verbreiten Abenteuerlust, neue Visionen und geben Mut, den eigenen Seelenweg zu gehen. Vielleicht begleitet und stärkt euch gerade ein Feuerdrache, wenn ihr beginnt eure Visionen zu leben.

**Wasserdrachen.** Sie sind die viertstärkste aller Drachenarten. Alt und weise, wie sie sind, haben sie die Fähigkeit, die Elemente des Wassers zu kontrollieren. Deshalb sind sie oft in der Nähe von Seen oder Flüssen zu finden. Es sind im Grunde sanftmütige Geschöpfe, die aber auch sehr wild werden können, wenn es ihrer Aufgabe dient. Sie repräsentieren Emotionen und helfen euch, eure Gefühle zu verstehen und zu verarbeiten. Wenn ein Wasserdrache bei euch ist, unterstützt er euch, tiefe Gefühle von Frieden und Ruhe zu verspüren und zu leben. Ihre wichtigsten Aufgaben bestehen darin, die Gewässer zu reinigen und den Wasserwesen beizustehen. Sie sind auch in der Lage, im menschlichen Körper die Zellkerne zu reinigen und regenerierende Energien zu aktivieren. Sie harmonisieren den Fluss der Energien im Körper und passen euer System der göttlichen Ordnung an.

**Luftdrachen.** Sie sind die fünftmächtigste aller Drachenarten und allgemein sehr beliebt. Es sind Freigeister, die eure

Verbindung zum Göttlichen stärken, und die die Fähigkeit haben, die Elemente der Luft zu kontrollieren. Sie reisen oft auf den Winden und nehmen gerne die Form von Wolken oder Vögeln an. Manchmal seht ihr am Himmel eine Wolkenformation, die aussieht wie ein Drache. In diesem Fall könnt ihr sicher sein, dass dies ein Luftdrache ist. Es sind sehr leichte Geschöpfe, weshalb sie auch für Freiheit stehen. Meist durchsichtig, sieht man sie nur, wenn sie es auch möchten. Luftdrachen helfen euch, euch mit eurem höheren Selbst zu verbinden und eure Freiheit zu leben. Sie unterstützen die Drachen der Erde bei ihrer Aufgabe, die Erde sauber und frei von Verschmutzung zu halten. Sie reinigen die Gedanken und Emotionen von euch Menschen und helfen euch, klarer zu denken und euren Weg zu finden. Sie bringen Klarheit und Sicherheit in euer Leben.

**Planetendrachen.** Sie sind die sechststärkste aller Drachenarten und sehr mit der Natur verbunden. Ihre Fähigkeit besteht darin, die Elemente oder Energien von Planeten zu kontrollieren, auch die eurer wundervollen Heimat namens Erde. Oft sind sie in der Nähe von Bergen oder in Wäldern zu finden. Es sind sanfte Riesen, die für Weisheit und Stärke stehen. Planetendrachen helfen euch dabei, euch selbst und euren Planeten zu verstehen und in seinen natürlichen Rhythmen zu schwingen. Sie helfen euch außerdem, euch mit eurer eigenen Stärke und Kraft zu verbinden. Wenn ein Planetendrache bei euch ist, ist das ein Zeichen dafür, dass ihr euch auf eine neue Reise begeben oder ein neues Kapitel im Buch eures Lebens aufschlagen werdet. Sie helfen euch, immer das Wesentliche zu erkennen und dem Wesentlichen dann auch zu folgen. Sie schützen die Werte und Traditionen eures Planeten und von euch selbst, seiner Bewohner.

❧ **Andromedanische Drachen.** Sie sind die siebtmächtigste aller Drachenarten und besonders stark mit der Galaxis Andromeda verbunden. Ihre Fähigkeit besteht darin, sich der Elemente und Energien der Sterne zu bedienen. Oft reisen sie zwischen den Planeten hin und her. Sanfte Geschöpfe, die sie sind, stehen sie für Weisheit und Stärke. Sie helfen euch, euch selbst und euren Platz im Universum zu verstehen und euch mit eurer eigenen Stärke und Kraft zu verbinden. Auch wenn ein Andromedanischer Drache bei euch ist, könnt ihr sicher sein, dass ihr euch auf eine neue Reise begeben oder ein neues Kapitel in eurem Leben aufschlagen werdet. Wie die Planetendrachen helfen sie euch, das Wesentliche zu erkennen und ihm zu folgen. Sie bringen Licht und Hoffnung in euer Leben.

Es gibt noch viele andere Drachenarten, die ihr vielleicht aus Erzählungen kennt. Meistens haben sie ihren Ursprung in den Andromedanischen Drachenarten. Sie haben sich über die Linien der Zeit weiterentwickelt und dienen allerorten dem Wohl von Allem-was-ist. Dies ist vielen Menschen nicht bewusst, und ihr gehört zu den ersten, die davon erfahren.

# 9

# Die erstaunlichen Berufe der Andromedaner

In den lichten Welten des Universums gibt es viele erstaunliche Berufe oder Tätigkeiten. Dabei ist das Wort Beruf gar nicht die richtige Bezeichnung, weil Lichtwesen anders als wir auf der Erde einer Arbeit nachgehen. Sie wirken nicht für einen konkreten Lohn, sondern aus Freude und nach ihren Fähigkeiten. Wir haben deshalb für ihre Tätigkeiten die Bezeichnung Lichtberuf gewählt, damit man sich in Anlehnung an irdische Berufe leichter etwas darunter vorstellen kann. So gibt es zum Beispiel versierte Spezialisten für galaktische Lichttechnik und Heilung. Einige der Lichtberufe, die in Andromeda weit verbreitet sind, werde ich dir mit Hilfe von Mai'Medanaa nun vorstellen …

## Welche Lichtberufe die Andromedaner ausüben

Der erste Lichtberuf, von dem wir hier berichten möchten, weil die Andromedaner besonders gut darin sind, ist der des Lichtingenieurs. ***Lichtingenieure*** sind für den Bau und die Wartung von Lichtportalen zuständig. Ein Lichtportal ist eine Brücke zwischen zwei Galaxien oder Sternensystemen, die es galaktischen Wesen ermöglichen, von einem Ort zum anderen zu reisen, ohne ein Raumschiff benutzen zu müssen. Dazu entwickeln sie bestimmte Plattformen aus Licht, die mit den Portalen zusammenwirken. Seine Fähigkeiten hat ein Lichtingenieur meistens über viele Jahrhunderte hinweg entwickelt.

Dann gibt es die ***Lichthüter*** von Andromeda. Das sind Sternenwesen, die die Aufgabe übernommen haben, das Licht ihrer Galaxis zu schützen. Sie tun dies durch Meditation und indem sie das Licht von Andromeda im Herzen möglichst weit ausdehnen und halten. Die Lichthüter haben eine starke Schutzschicht um das Licht ihrer Galaxis gelegt, die es negativen Kräften schwer oder unmöglich macht, einzudringen. Auch sie haben eine sehr lange Ausbildung erhalten und sind meistens sehr alt.

Lichthüter arbeiten eng mit ***Sternenlichtträgern*** zusammen, die verantwortlich dafür sind, das Licht von Andromeda in seiner Kraft zu unterstützen. Bei ihnen handelt es sich um Wesen des Lichts, die es sich zur Aufgabe gemacht haben, das Licht von Andromeda im gesamten Universum erstrahlen zu lassen. Durch sie können wir diese Galaxis auf der Erde leuchten sehen. Sie sind wie Leuchttürme des Lichts im Universum.

Dann gibt es noch ***Lichtwächter***, die für die Bewahrung der Lichtcodes von Andromeda verantwortlich sind. Lichtcodes sind besondere Frequenzen, die Informationen über die Geschichte, Kultur und Traditionen von Andromeda enthalten. Diese Codes werden von Generation zu Generation weitergegeben, und Lichtwächter sorgen dafür, dass sie auch sicher aufbewahrt werden und nicht verloren gehen.

Ein weiterer Beruf in Andromeda ist der des ***Lichtlehrers***. Ein Lichtlehrer unterrichtet die Lichtsprache, eine besondere

Form der Kommunikation, die von Lichtwesen verwendet wird. Es ist eine sehr schöne und poetische Sprache. Lichtlehrer helfen anderen, die Lichtsprache zu erlernen, damit sie mit Lichtwesen kommunizieren können.

Sehr hoch angesehen sind auch ***Lichtheiler***, die die Heilkraft des Kerns von Andromeda nutzen, um andere zu heilen. Die

Zentralsonne dieser Galaxis ist eine sehr mächtige Quelle von Heilenergie. Lichtheiler sind in der Lage, die Energie in ihre Patienten zu kanalisieren und ihnen zu helfen, körperliche, geistige und emotionale Schwächen zu heilen.

Außerdem gibt es den Beruf des ***Lichtzahlen-Konstruktors***. Manche Andromedaner sind besonders talentiert darin, den Lichtcode von Zahlen zu lesen und zu deuten. Sie nutzen dieses Wissen, um mit den verschiedenen Lichtzahlen energetische Muster zu weben, aus denen heilende Zahlengebilde entstehen, die so ähnlich wie Mandalas starke Energien ausstrahlen. Allerdings sind diese Gebilde nicht starr, sondern bewegen sich in der jeweiligen Zahlenschwingung des gesamten Bildes hin und her. Lichtzahlenbilder sind ein beliebtes Geschenk bei den Andromedanern, die zu besonderen Anlässen auch gern ihr Zuhause damit schmücken.

Dann gibt es noch ***Lichtklangtechniker***. Sie kennen alle Töne des Universums, der Planeten und Schwarzen Löcher und aller anderen großen Ausdrucksformen kosmischer Energie. Sie mischen deren Klang miteinander und erzeugen neue Klänge. Die neuen Klänge haben eine sehr harmonisierende Wirkung auf das Energiefeld der Andromedaner, und es heißt, dass sie auch für uns Menschen sehr hilfreich sind. Diese Klänge können heilen oder zerstören. Lichtklangtechniker nutzen ihr Wissen in erster Linie, um anderen zu helfen, sich selbst zu heilen. Beim Anhören der Lichtklänge nehmen die Zellen eine bestimmte Schwingung auf und kommen wieder in Einklang mit der göttlichen Ordnung. Das kann eine sehr heilende Wirkung auf Körper, Geist und Seele haben.

Ein anderer Beruf ist der des ***Lichtwebers***. Lichtweber fertigen Kleidung aus Licht. Sie nutzen das Licht der Zentralsonne und der Sterne im ganzen Umiversum, um ihre Stoffe zu weben. Lichtweber sind sehr kreativ und haben einen starken Sinn für Schönheit und Anmut. Ihre Gewänder sind wirklich einzigartig. Sie schmiegen sich dem Lichtkörper an, umfließen ihn mit vielen Lichtstrahlen und schaffen so ein perlmuttschimmerndes Lichtgewand. Ihre Absicht ist es, dass die Andromedaner immer gut aussehen.

***Lichtalchemisten*** sind sehr gelehrte Wesen. Aus Licht und Kometenstaub erschaffen sie besondere Steine mit verborgenen Kräften. Sie arbeiten mit den Energien der Planeten und der Sterne und wissen, wie sie diese kombinieren können. Ihre Produkte sind bei den Andromedanern sehr beliebt. Sie verwenden sie, um ihr Energiefeld zu reinigen, zu schützen und zu stärken. Andromedaner tragen diese Steine gerne bei sich in ihren Lichtkleidern oder verschenken sie an Freunde.

Zu guter Letzt gibt es noch ***Lichtgärtner***. Man findet sie meistens im Kosmischen Garten von Andromeda. Dort bauen sie spezielle Pflanzen an, die nur aus Licht bestehen. Diese Pflanzen haben sehr starke und kraftvolle Energien. Sie werden zum Schutz, aber auch für besondere Zeremonien verwendet. Lichtgärtner kümmern sich mit ihrer ganzen Liebe voller Hingabe um diese Pflanzen und wissen immer genau, was jede Pflanze im Kosmischen Garten gerade braucht.

Mai'Medanaa sagt, dass es noch erheblich mehr Lichtberufe gibt. Besonders auf den Lichtschiffen findet man zum Beispiel eine Vielfalt an Lichttechnikern für alle möglichen und für uns unvorstellbaren Geräte und Vorrichtungen. All diese Lichtberufe haben eines gemeinsam: Sie bedienen sich als Werkstoff des Lichts und der Liebe, um anderen zu helfen. Und die Andromedaner, die sie ausüben, sind wahre Meister ihres Fachs und leisten einen großen Beitrag zum Wohlergehen unzähliger Sternenwesen.

Mai'Medanaa ist sich sicher, dass wir Menschen ebenfalls solche wunderbaren Fähigkeiten haben. Auch wir könnten diese oder ähnliche Berufe ausführen. Sie sagt, es liegt alles in uns, wir haben es nur noch nicht entdeckt.

Vielleicht können wir eines Tages, wenn wir uns weiter so gut entwickeln, auf Andromeda Ausbildungen machen. Sie sagt, dass dies jetzt schon einigen auserwählten Menschen, den Visionären unter uns, möglich ist.

Mai'Medanaa schließt mit den Worten, dass die Andromedaner sehr froh sind, eine solche Vielzahl an Lichtberufen zu haben. Jeder Einzelne von ihnen trägt zum Wohlergehen ihrer kosmischen Gesellschaft bei. Sie sind alle verbunden durch das Licht und die Liebe, die sie zum Wohl aller einsetzen. Wir können sehr viel von ihnen lernen, und Mai'Medanaa ist sich sicher, dass wir auf dem richtigen Weg sind. Schließlich sind wir alle Sternenwesen. Lasst uns also weiterhin unser Licht und unsere Liebe in die Welt hinausstrahlen!

*Die vielen Lichtberufe, die in Andromeda verbreitet sind, haben mich sehr fasziniert, und natürlich fragte ich sofort nach, ob man sie nicht auch als Mensch erlernen könne. Mai'Medanaa bestätigte mir sogleich, dass dies im Grunde kein Problem sei, und bat mich, eine entsprechende Botschaft von ihr an die Erdenmenschen zu überbringen.*

## Botschaft zur Etablierung deines Berufs in Andromeda

Geliebter Mensch der Erde! Voller Freude darf ich heute wieder zu dir sprechen und sende dir den Segen des Lichts zur Begrüßung in dein Herz, wenn du es erlaubst. Ich bin Mai'Medanaa aus Andromeda, und ich komme in Liebe zu dir. Du bist ein besonderes Wesen und wirst von uns tief geliebt.

Mit deiner Erlaubnis, geliebter Mensch, möchte ich dir jetzt eine Aufgabe geben: Ich möchte, dass du eine Vision entwickelst, was dein andromedanischer Beruf sein könnte. Dazu bitte ich dich, das Licht von Andromeda tief in dich aufzunehmen und dich mit diesem Licht auszudehnen.

Dehne dich so weit aus wie möglich und komme dabei zur Ruhe. Lass nun das Licht, während du dich ausdehnst, durch dich hindurchfließen. Und nun führe ich dich, wenn du erlaubst, zu einem Platz, an dem du uns, die Wesen von Andromeda, wahrnehmen kannst. Gib mir ein inneres Ja, wenn du einverstanden bist. Sobald dies geschehen ist, wirst du von mir auf unser Lichtschiff gebracht. Dort angekommen, mach erneut einen tiefen Atemzug und schaue dich entspannt um.

Du siehst hier Lichtwesen, die dich gerne herumführen. Sie zeigen dir verschiedene Räume und Orte, an denen sie arbeiten. Lass dir Zeit und genieße alles, was du wahrnimmst. Deine Seele wird dir Impulse und Zeichen geben, wenn es für dich wichtig ist. Du stellst den Wesen hier alle Fragen, die du auf dem Herzen hast. Wenn du willst, frag sie auch nach der besten Wahl für dich, wenn es um deinen andromedanischen Beruf geht. Lass ihre Antwort auf dich wirken.

Nimm dir so viel Zeit, wie du willst, und lass die Bilder entstehen. Nicht alle Bilder werden dir vertraut sein, denn du kannst hier auch Dinge wahrnehmen, die dein Verstand nicht einordnen kann. Vertraue einfach und lass los.

Und wenn du willst, kannst du auch längere Zeit hierbleiben und uns besser kennenlernen. Oder du kannst den Lichtberuf deiner Wahl besser kennenlernen. Du kannst aber auch jederzeit in dein irdisches Leben zurückkehren.

Die Entscheidung liegt bei dir.

Folge deinem Herzen und vertraue deiner Intuition. Alles, was du wahrnimmst, ist richtig und entspricht deiner Seelenwahrheit. Bleibe, solange du willst. Nimm so viele Bilder, Eingebungen, Farben und Gefühle in dich auf, wie du willst, so viele Eindrücke, bis du genau weißt, für welchen Lichtberuf du dich entscheidest. Lass dir dafür Zeit.

Und wenn du bereit bist, lässt du es mich wissen. Dann bringe ich, Mai'Medanaa, dich auf die Erde in deine Dimension zurück. Du brauchst dazu nur wieder einen tiefen Atemzug zu machen. Schon fühlst du den Energiesog, der dich anhebt und sanft auf die Erde bringt. Dort angekommen, bewegst du Hände und Füße und bist wieder ganz da.

Ich, Mai'Medanaa verabschiede mich voller Liebe mit dem Segen des Lichts von dir.

*Mai'Medanaa sagt, dass es gut wäre, wenn du dir deine Erlebnisse notierst, damit du dich immer wieder daran erinnern kannst. Du solltest diese Botschaft auch wiederholt lesen und die Übung darin immer wieder machen, um deine Visionen in Bezug auf deinen Lichtberuf zu stärken und Klarheit über deine Fähigkeiten zu bekommen. Sie sagt, es kann sein, dass du jedes Mal etwas anderes wahrnimmst, wenn du viele Fähigkeiten hast.*

## Die Gesänge von Andromeda

Die Andromedaner beobachten mit großer Aufmerksamkeit das Geschehen auf der Erde und wissen ganz genau, wie es den Menschen gerade geht. Sie haben ihre Lichtschiffe zusammen mit den Lichtschiffen anderer Sternenfreunde schon viele Jahre in der Nähe der Erde positioniert. Ihre Schiffe strahlen die höchsten Bewusstseinsebenen der Liebe und des Lichts aus. Sie wurden eigens erschaffen, um die Menschen bei ihrer Bewusstseinsentwicklung zu unterstützen. Sobald auf der Erde etwas geschieht, was großen Schaden anrichten könnte, fangen diese Schiffe die entsprechenden Informationen auf und geben sie weiter. Dies geschieht per Quantenkommunikation, schneller als Lichtgeschwindigkeit. So gelangt die Kunde von der aktuellen Entwicklung zu den Bewusstseinswerkstätten von Andromeda. Die Werkstätten rufen dann, wenn dringend Hilfe und Unterstützung benötigt wird, die Mitglieder des Lichtgesangs zusammen, und diese treffen sich im Kosmischen Garten von Andromeda an einem besonderen Platz, um gemeinsam zu singen. Dieser Platz wurde eigens für ihre Gesänge erschaffen und trägt eine besondere Energie. Mai'Medanaa sagt, dass sie uns nachher in einer Botschaft zu diesem Platz führen wird.

Die Gesänge von Andromeda sind hoch energetisch und von höchster Liebe geprägt. Sie geben den Menschen die Kraft, an sich selbst und an die Menschheit zu glauben.

Besonders wenn die Energien auf der Erde sehr anstrengend sind oder fast zu eskalieren drohen, beginnen diese Klänge sofort, alles Negative in Licht zu transformieren. Und dieses Licht strömt dann zu den Menschen auf der Erde, die vor Herausforderungen stehen, die durch die irdische Art und Weise, damit umzugehen, großen Schaden hervorgerufen hätten.

Im Licht von Andromeda gehen die Menschen nun anders damit um und finden liebevolle Lösungen.

Da dieses transformierte Licht so viel Heilung bringt, bitten die Andromedaner alle Menschen, sich mit ihnen zu verbinden. Die Menschen mögen die Gesänge von Andromeda in ihre Herzen fließen lassen. Diese Gesänge sind ein Geschenk von Andromeda an die gesamte Menschheit und eine große Hilfe auf dem Weg der Menschen zu einem Bewusstsein voller Liebe und Vertrauen. Sie sind eine große energetische Hilfe in der aktuellen Zeit. Sie transformieren belastende Energien und schützen das positive Bewusstsein.

Es ist wundervoll anzusehen, was geschieht, wenn die Andromedaner zu singen beginnen. Ihre Gesänge bilden einen galaktischen Klangteppich aus goldenen Energiefäden, der sich wie ein sanfter Seidenumhang um die Erde legt. Dieser goldene Umhang ist transformierte Energie, bestehend aus Lichtgesang. Die Gesänge, von den Lichtschiffen nach Andromeda gesandt, strömen aus dem Goldumhang, der die Erde umgibt, in die Herzen der Menschen zurück, die den Lichtschiffen durch ihre Sorge und ihr Wissen darum die Informationen über drohende Gefahren zugetragen haben. Dort, in ihren Herzen, transformieren sie alles, was schattig und negativ war, in lichtvolle Energie. Sie heben das Seelenbewusstsein an. Manche Menschen vernehmen diese Gesänge in ihrem Herzen. Sie hören, wie sie aus ihrem Herzen heraus erklingen. Das liegt daran, dass sie die Fähigkeit des Hellhörens haben. Mai'Medanaa sagt, man vernimmt sie am besten, wenn es ganz still ist, zum Beispiel abends, wenn alle schlafen, oder früh morgens, wenn die Natur und die Menschen noch ruhig sind.

Die Andromedaner, die den Menschen diese Klangteppiche schicken, laden alle ein, sich mit ihnen zu verbinden. Durch jeden Einzelnen können sich diese Energien auf der ganzen Erde verbreiten. Viele Menschen tragen diese Gesänge bereits in ihren Herzen. Sie wissen oft nicht, woher die Energien kommen, aber sie fühlen sich stark, kraftvoll und geschützt. Dadurch sind sie mit den Andromedanern und allen anderen Sternengeschwistern verbunden. Sie sind eins im Bewusstsein der Liebe und des Lichts. Die Andromedaner sagen, das ist es, was zählt und was es euch ermöglicht, euren Weg weiterzugehen.

Sobald die Nachricht, dass Hilfe gebraucht wird, die Bewusstseinswerkstätten erreicht, laden die Andromedaner die Sternenfreunde der Sieben Kosmischen Schwestern ein, sich im Kosmischen Garten zu versammeln, um gemeinsam zu singen. Wenn ihr sie sehen könntet, sagt Mai'Medanaa, würdet ihr vor Demut niederknien, denn sie sind so wunderschön, diese Lichtsänger. Sie strahlen in allen Regenbogenfarben und sind eins mit dem Bewusstsein von Liebe und Licht. Sie tragen lange Gewänder aus Tönen und Liebesschwingungen, die bis auf den Boden reichen. Sie sind es gewohnt, im Bewusstsein von Liebe und Geborgenheit zu leben. In diesem Bewusstsein sind alle Wesen gleich, unabhängig von ihrer Herkunft oder Gestalt. Sie sind vereint in der vollkommenen Liebe und im höchsten Licht.

So versammeln sie sich und beginnen voller Hingabe zu singen. Ihr Gesang ist stark und kraftvoll und doch sanft und liebevoll zugleich. Unfassbar anmutig erklingen sie im Kosmischen Garten von Andromeda, diese heiligen Töne des Universums, ausgehend vom Zentrum von Allem-was-ist, der höchsten bedingungslosen, vollkommenen Liebe – und der Klangteppich schwebt bis zur Erde in die Herzen der Menschen.

*Mai'Medanaa lädt dich jetzt zu einem Besuch im Kosmischen Garten von Andromeda ein, damit du den Vorgang selbst in aller Klarheit erleben kannst. Du bist heute Gast und darfst den Gesängen lauschen. Wie du dorthin gelangst, kannst du der folgenden Botschaft entnehmen …*

## Ein Besuch im Kosmischen Garten von Andromeda

Mit dem Segen des Lichts von Andromeda rufe ich dich, geliebtes Menschenkind, und begrüße dich voller Liebe. Mit großer Freude lade ich dich heute ein, mit mir zusammen in den Kosmischen Garten zu kommen. Dies ist eine besondere Ehre und wird deine Seele berühren. So gehe jetzt mit deiner äußersten Aufmerksamkeit in dein Herz und konzentriere dich auf die Präsenz von Liebe und Licht in dir. Spüre, wie die Energie sich sogleich verändert und dir hilft, dich zu entspannen. Atme in einem Rhythmus, der angenehm für dich ist, und nimm dir einen Moment Zeit, um dich anzupassen.

Wenn du bereit bist, mach einen tiefen Atemzug und lass dich von mir in den Kosmischen Garten von Andromeda begleiten. Ich nehme dich an die Hand, wenn du es erlaubst, und wir schweben gemeinsam durchs Universum, getragen vom unendlichen Licht der Liebe. Atme noch einmal tief ein und aus und spüre, wie sich dein Bewusstsein öffnet und du dich immer mehr entspannst, während wir durchs Universum schweben und du die Sterne und Galaxien um uns herum siehst.

Was für ein wundervoller Anblick!

Doch plötzlich spürst du, wie sich etwas verändert. Du begibst dich in eine andere Dimension. Es ist, als gingest du durch ein Portal und kämst in eine völlig andere Welt. Du schaust dich um und erkennst, dass du dich im Kosmischen Garten von Andromeda befindest. Du bist von einer unglaublichen Schönheit umgeben und kannst die Energien der Liebe und des Lichts, die dich umgeben, spüren. Da kommen Sternenlichtsänger zu dir und heißen dich willkommen.

Du liebst ihre Energie. Du fühlst dich geborgen und getragen von ihrer Energie. Die Sternenlichtsänger laden dich ein, heute an ihrem Gesang teilzunehmen. Du fühlst, dass dies eine große Ehre ist, und nimmst gerne an.

Man gibt dir ein langes Gewand. Es ist ein Sternengewand, das in den prächtigsten Farben des Universums leuchtet, ähnlich den Regenbogenfarben, die du von der Erde kennst. Das Gewand ist weich und seidig und gibt dir ein Gefühl von Sicherheit. Dann nimmt dich ein Wesen an der Hand und führt dich zu einem besonderen Ort. Auf Anhieb spürst du, dass es dir dort gut gehen wird, und du bedankst dich. Das Wesen deutet auf einen Platz, an den du dich setzen kannst. Lächelnd gehst du dorthin und setzt dich. Alles fühlt sich irgendwie wolkig an, ganz leicht und erhaben. Du bist sehr entspannt und glücklich.

Die Sternensänger beginnen zu singen. Ihr Gesang umschmeichelt dich, erfüllt dich mit Liebe und Licht. Du merkst, wie sich die Energie in dir ändert, wie vieles in dir transformiert wird. Du merkst, wie sich alle belastenden Energien auflösen und dich immer mehr das Gefühl von Liebe erfüllt. Die Energien von Licht und Liebe umfangen dich und verschmelzen mit dir, du bist voller Freude und Glück.

Dann spürst du, wie sich die Energien in dir sammeln und eine unbändige Kraft in dir aufsteigt. Du bist voller Tatkraft und spürst, dass du alles erreichen kannst, was du dir vornimmst. Dies ist der große Segen des Lichts von Andromeda, das dich auf deinen weiteren Weg stärken wird.

Dann beginnen die Sternenlichtsänger zu schweben, während die Töne intensiver und lichtvoller werden. Ein goldener Klangteppich umfängt dich und hebt auch dich in die Höhe. Du fühlst, wie du in den goldenen Gesang eintauchst und dich mit dem Bewusstsein von Andromeda verbindest. Du empfindest Glückseligkeit, wie du sie noch nie zuvor erlebt hast. Dein Bewusstsein erweitert sich, und du bist voller Licht und Liebe, du fühlst dich frei und unbeschwert. Der wundervolle goldene Gesang stärkt dich und berührt dich durch seine Schönheit. Die Sternenlichtsänger singen für die Menschheit, um ihr Bewusstsein zu erweitern und anzuheben. Sie singen für den Frieden. Sie singen für die Neue Zeit und darüber, dass sich die Dimensionen der Liebe jetzt für alle öffnen. Du verschmilzt noch ein wenig mehr mit allem und bist eins mit der Unendlichkeit.

Deine Begrenzungen lösen sich auf, und dein Geist ist bereit zu wachsen – voller Liebe und Licht.

Du kannst das Bewusstsein von Andromeda spüren, das dich einhüllt und dir Kraft gibt. Es ist eine unglaubliche Erfahrung, du fühlst dich so dankbar und geliebt. Ganz tief im Inneren deiner Seele weißt du, dass du nun alles schaffen kannst. Deine Augen beginnen zu strahlen, als du das schönste Lächeln deines Lebens lächelst. Du weißt, dass du auf deinem Weg begleitet wirst und alles gut werden wird. Dies ist der Segen von Andromeda für die Menschheit. Bewusstsein, Liebe und Vertrauen sind die Schlüssel zum Erfolg.

Die Sternenlichtsänger nicken dir zu, und ihr Gesang wird leiser. Sie hören auf zu schweben und kommen zu dir. Es ist vollbracht, lassen sie dich voller Freude wissen, und begleiten dich zum Tor des Kosmischen Gartens von Andromeda, um dich liebevoll zu verabschieden. Du umarmst deine Begleiter, und ich, Mai'Medanaa nehme dich wieder bei der Hand, um dich sicher auf die Erde in dein Zuhause zurückzubringen. Nach einem tiefen Atemzug befindest du dich wieder in deinen Räumen, bewegst Hände und Füße und bist wieder ganz da. Ich, Mai'Medanaa, verabschiede mich mit dem Segen des Lichts von dir. Und du lässt alles, was du gerade erlebt hast, noch ein wenig nachwirken.

Mai'Medanaa wünscht dir von ganzem Herzen alles Liebe und Gute auf deinem weiteren Weg. Du sollst nie vergessen, dass du geliebt und unterstützt wirst.

*Später sagte Mai'Medanaa mir, dass sich die Gesänge mit deinem Herzen verbunden haben und weiter ihre Wirkung in dir zeigen. Und wenn du möchtest, kannst du dich gerne jederzeit wieder mit den Sternenlichtsängern von Andromeda verbinden. Sie sind immer für dich da. Du brauchst nur dein Herz zu öffnen und sie zu rufen. Mich jedenfalls haben die Sternenlichtsänger so sehr fasziniert, dass ich Mai'Medanaa bat, mir mehr von ihnen zu erzählen.*

## Die Bedeutung der Sternenlichtsänger

Mai'Medanaa erklärte mir, dass die Gesänge der Sternenlichtsänger von Andromeda eine große Hilfe für die Menschheit sind. Durch ihre Energien können belastende Energien transformiert und positive Energien geschützt werden.

Es gibt spezielle Gesänge für alle möglichen Anlässe. Wunderschöne Gesänge erklingen, wenn neues Leben entsteht. Sternentöne sind sanft und leise. Sie werden gesungen, sobald eine Seele beschließt, auf der Erde zu inkarnieren. Die Sänger stehen dann im Kreis um die Seele herum und singen voller Liebe. Die Töne werden im Energiefeld der Aura eingebettet und begleiten den Menschen, solange er auf der Erde ist.

Beginnt ein Mensch, sich auf den Weg des Erwachens zu begeben, werden die Sternentöne in den Gesängen lauter und klarer. Das ist ein Zeichen dafür, dass sich die Seele erinnern möchte und bereit ist, ihr persönliches Wachstum anzutreten. Manchmal erscheinen die Sänger dem Menschen auch in ihrer wahren Gestalt, stets harmonisch und wohl proportioniert. Dies ist allerdings selten, da die meisten Menschen nicht bereit für eine solche Begegnung sind. Geschieht es dennoch, ist dies ein wunderbares Geschenk.

Durch die Gesänge der Sternenlichtsänger wird das Bewusstsein der Menschen erweitert. Das geht meistens mit dem Wachstum der Seele einher. Durch die mit den Gesängen verbundenen Schwingungen können die Menschen mehr Liebe, Licht und Frieden in ihr Leben integrieren. Es gibt auch sehr kraftvolle

Gesänge für die Befreiung von Mustern und Blockaden. Diese Töne sind dann recht intensiv und laut. Darüber hinaus gibt es Töne, die einfach nur schön und heilsam sind. Sie tun der Seele gut und umschmeicheln das Bewusstsein. Sie sind zart und sanft und fühlen sich wie eine Umarmung an.

Besondere Töne stimmen die Sternenlichtsänger für Zellerneuerung und Verjüngung an. Diese sind sehr ausdrucksstark und vitalisierend. Dann gibt es Gesänge, die nur geflüstert werden, für die Entspannung und das Loslassen von Sorgen und Ängsten. Andere Gesänge wiederum sind sehr empfindsam und dienen der Energieerhöhung.

Sternengesänge wirken immer unterstützend und können auf allen Ebenen helfen. Mai'Medanaa sagt, dass Sternenlichtsänger sehr gerne für Menschen singen, während sie meditieren oder Botschaften bekommen. Sie wissen, dass die meisten Menschen ihre Gesänge nicht mit ihren physischen Ohren hören können. Sie wissen aber auch, dass sie auf diese Weise die Seelen der Menschen erreichen und dort tief berühren.

Sternenlichtsänger sind sehr weise und kluge Wesen. Sie wissen, dass die Menschheit in einer stark transformativen Phase ist und viel Hilfe und Unterstützung braucht. Deshalb sind sie gerne bereit, ihre wunderschönen Töne immer wieder erklingen zu lassen. Sie werden niemals müde und sind mit ihrer Achtsamkeit und Liebe jederzeit präsent.

Sie laden uns Menschen ein, sich mit ihnen zu verbinden und von ihrer Energie zu profitieren.

*Ich finde es beeindruckend und wirklich ganz erstaunlich, was für eine unglaubliche Hilfe die Gesänge der Sternenlichtsänger von Andromeda für die Menschheit sein können. Die Sänger laden alle Menschen ein, sich mit ihnen zu verbinden. Sie sagen, dass es wichtig ist, dass wir auf unserem Weg der Bewusstseinserweiterung und der Transformation unterstützt werden. Wir können die Hilfe der Sternengesänge von Andromeda jederzeit in Anspruch nehmen, wann immer wir es wünschen. Wir müssen uns nur öffnen und sie rufen.*

## Der Aufstiegscode von Andromeda

Mai'Medanaa sagt, du trägst das Recht auf umfassende Heilung und endgültiges Erwachen in dir. Damit dir das bewusst wird, befindest du dich in einem konstanten Reinkarnationszyklus, in dem du durch kosmische Liebe ständig wiedergeboren wirst.

Besonders gut können Heilung und Erwachen in diesem Leben für dich einsetzen, wenn der Aufstiegscode von Andromeda, von dem alte Texte der Andromeda-Galaxis berichten, in deiner Seele verankert wird. Es ist wichtig, diesen Code mit Sorgfalt und Bedacht zu verwenden, weil er eine tiefgreifende Wirkung haben kann. Wird der Code aktiviert, öffnen sich für dich die Tore des Himmels, und du wirst dich selbst erkennen. Das ist der Moment, in dem du dich daran erinnerst, wer du als Mensch wirklich bist.

Du kannst nur heilen und erwachen, wenn du dich daran erinnerst, wer du bist, und dies geschieht, indem alle Teile von dir, die in früheren Inkarnationen verloren gegangen sind, zu dir zurückgebracht werden. Dann beginnt das Erwachen. Dann beginnt Schritt für Schritt deine Reise nach Hause. Du durchläufst den Prozess der Erinnerung.

Mai'Medanaa möchte dir helfen, diese Entwicklung einzuleiten, aber natürlich nur, wenn du das auch ausdrücklich möchtest. Der Aufstiegscode von Andromeda bringt dich in ein neues Selbstverständnis, und einmal damit begonnen, gibt es für dich kein Zurück mehr.

Ich ermutige dich, den andromedanischen Aufstiegscode zu benutzen. Tritt deine Reise nach Hause an. Der Aufstiegscode ist ein mächtiges Werkzeug, das dir helfen kann, zu heilen und zu erwachen. Wenn du erkennen willst, welche Kraft dir wirklich innewohnt, nutze ihn und führe dich ins Erwachen, ins erweiterte Wissen – und denke daran: Du bist auf dieser Reise nie allein. Wir sind alle hier, um dich zu unterstützen.

*Als ich Mai'Medanaa fragte, wie man den Aufstiegscode am besten benutzt, lachte sie und versicherte mir, dass es ganz einfach sei und sie bereits einen Zugang für uns Menschen vorbereitet hat. Er besteht aus zwei Übungen, die sie mir danach in einer Botschaft weitergab …*

## Schritt 1:
## Aktivierung des Aufstiegscodes

Geliebter Mensch, freudig begrüße ich dich mit dem Segen des Lichts von Andromeda. Ich habe für dich mächtige Heilerinnen und Heiler meiner Galaxis herbeigerufen, damit sie den Aufstiegscode bei dir aktivieren. Er wird dir helfen, dich an deine wahre Identität und deine Bestimmung zu erinnern. Er wird dir auch helfen, deine Wunden aus vergangenen Leben zu heilen, damit du auf deiner spirituellen Reise vorankommst.

Als Erstes werden sie den Aufstiegscode in deiner Seele verankern. Es sind ganz wundervolle Wesen, die sich bereit erklärt haben, mit dir zu arbeiten. Lass dich auf diesen Prozess ein und wisse, dass alles zu deinem höchsten Wohl geschieht.

Suche dir einen Platz, an dem du ungestört bist.

Konzentriere dich auf dein Herz und atme ein paar Mal tief ein und aus. Beim Ausatmen lässt du alle Sorgen und Bedenken los. Spüre, wie die Heiler dich gerade mit Licht und Liebe durchfluten, jede einzelne deiner Zellen.

*Entspanne dich und sprich mir nach:*

»Ich bin bin jetzt, den andromedanischen
Aufstiegskodex zu empfangen.
Ich bin offen dafür, mich zu erinnern, wer ich wirklich bin.
Ich bin bereit, mein Leben zu heilen.
Ich bin bereit, meine verlorenen Seelenanteile zurückzunehmen.
Ich bin bereit, die Vergangenheit loszulassen.
Ich bin bereit, aufzusteigen.
So ist es. Amen.«

Nimm dir ein wenig Zeit, um den Energien Raum zu geben. Der Aufstiegscode wurde gerade in deiner Seele aktiviert. In den kommenden Tagen wirst du vielleicht einige Veränderungen in deinem Leben feststellen. Diese Veränderungen sind ausnahmslos Teil deiner Reise nach Hause. Sei im Vertrauen und wisse, dass du auf dem Weg zu deiner wahren Größe bist.

*Und wenn du möchtest, können wir jetzt gleich den zweiten Schritt folgen lassen, indem wir deine verlorenen Seelenanteile zu dir zurückholen …*

## Schritt 2:
## Rückholung der verlorenen Seelenanteile

Stelle dir ein helles weißes Licht vor dir vor. Es ist ein Portal, das Tor zu deinen verlorenen Seelenanteilen. Wenn du in das Licht eintrittst, wirst du deine verlorenen Seelenanteile wahrnehmen. Tritt nun ein und warte ab, was du wahrnimmst. Vielleicht spürst du eine Verbindung zu einem Ort oder einem Menschen. Das ist die Verbindung zu einem verlorenen Seelenanteil. Nimm einfach alles an und vertraue dem Prozess …

Sobald du spürst, dass ein Seelenanteil vor dir ist, der zu dir zurückkehren möchte, bitte ihn, mit dir zu verschmelzen. Beobachte, wie er sich wieder in dein Wesen integriert. Lass ihm die Zeit, die er brauchst. Vielleicht spürst du danach ein Gefühl von Ganzheit und Vollkommenheit. Erlaube diesem Gefühl, dein ganzes Wesen zu erfüllen.

Mach das nacheinander mit jedem weiteren Seelenanteil von dir, dem du begegnest und der zu dir zurückkehren möchte. Heiße sie bei dir willkommen. Zeige ihnen deine Freude über die Integration. Und jetzt, da du einen oder mehrere verlorene Seelenanteile integriert hast, wird es Zeit, deine Wunden aus der Vergangenheit zu heilen.

Stelle dir ein weiteres helles Licht vor dir vor, diesmal grün. Dieses Licht ist das Tor zu deiner Heilung. Wenn du in das Licht eintrittst, kannst du wahrnehmen, was in deinem Leben geheilt werden muss.

Tue es, tritt in dieses Licht ein und warte ab, was du wahrnimmst. Vielleicht siehst du bestimmte Ereignisse aus deiner Vergangenheit, die geheilt werden müssen. Vielleicht spürst du bestimmte Gefühle, die losgelassen werden müssen. Lass einfach zu, was auch immer auftaucht, und vertraue dem Prozess.

Sobald du wahrgenommen hast, was geheilt werden muss, bitte dein höheres Selbst, dir dabei zu helfen. Vielleicht spürst du, wie ein Gefühl von Frieden und Liebe in dich einfließt. Erlaube diesem Gefühl, dein ganzes Wesen zu erfüllen.

Jetzt, wo du den Heilungsprozess begonnen hast, ist es an der Zeit, die Vergangenheit loszulassen. Stelle dir ein weiteres helles

Licht vor, diesmal blau. Dieses Licht ist das Tor zum Loslassen der Vergangenheit. Wenn du in das Licht eintrittst, kannst du wahrnehmen, was losgelassen werden muss.

Gehe nun in dieses Licht und warte ab, was du wahrnimmst. Vielleicht siehst du bestimmte Ereignisse aus deiner Vergangenheit, die losgelassen werden müssen. Vielleicht spürst du bestimmte Gefühle, die losgelassen werden müssen. Lass einfach zu, was auch immer auftaucht, und vertraue dem Prozess.

Sobald du erkennst, was losgelassen werden muss, bitte dein höheres Selbst, dir zu helfen. Vielleicht spürst du, wie ein Gefühl der Befreiung und Freiheit in dich eindringt. Erlaube diesem Gefühl, dein ganzes Wesen zu erfüllen.

Jetzt, wo du den Prozess des Loslassens begonnen hast, ist es an der Zeit, aufzusteigen. Stelle dir bitte ein weiteres helles, goldenes Licht vor dir vor. Dieses Licht ist das Tor zum Aufstieg. Wenn du in dieses Licht eintrittst, kannst du wahrnehmen, was du noch für den Aufstieg tun musst.

Gehe nun in dieses Licht und warte ab, was du wahrnimmst. Vielleicht siehst du bestimmte Schritte, die noch erforderlich sind für deinen Aufstieg. Vielleicht hast du ein bestimmtes Gefühl, was für deinen Aufstieg unerlässlich ist. Lass einfach zu, was auch immer auftaucht und vertraue dem Prozess.

Sobald du wahrnimmst, was für deinen Aufstieg noch geschehen muss, bitte dein höheres Selbst, dir zu helfen. Vielleicht spürst du ein Gefühl von Glückseligkeit und Freude in dir. Erlaube diesem Gefühl, dein ganzes Wesen zu erfüllen.

Du hast jetzt den andromedanischen Aufstiegscode abgeschlossen. Du bist auf dem Weg nach Hause. Vertraue dem Prozess und wisse, dass du auf dieser Reise nie allein bist. Mai'Medanaa sendet dir den Segen des Lichts von Andromeda.

Ich habe Mai'Medanaa gebeten, mir die Struktur des Codes mental zu zeigen. Die Bilder, die ich im Kopf hatte, habe ich dann grafisch umsetzen lassen. Du siehst sie oben. Der Code besteht im Grunde aus drei Zeichen: Das erste Zeichen ist das Zeichen für Heilung, das zweite steht für Transformation und das dritte für den eigentlichen Aufstieg. Du kannst bei deiner Arbeit alle drei Zeichen auf einmal verwenden oder über jedes Zeichen einzeln meditieren.

Der Aufstiegscode hilft uns allen dabei, alte Wunden zu heilen, die Vergangenheit loszulassen und auf eine höhere Bewusstseinsebene zu gelangen. Er ist Teil einer uralten Lehre, die auf Andromeda jeglichen Wesen übergeben wird, die auf dem Weg des Erwachens sind. Mai'Medanaa sagt, dass der Aufstiegscode besonders intensiv wirkt, wenn die Tore des Himmels weit geöffnet sind. Das kann an Portaltagen oder Sonnwendfesten sein oder ganz allgemein während großer Veränderungen in unserem Leben, wenn wir es am wenigsten erwarten. Meistens geschieht es in einer herausfordernden Zeit. Als weiterer Schritt im Zuge des Aufstiegs verbinden wir uns dann mühelos mit unserem höchsten Selbst. Vertraue dem Prozess und wisse, dass du auf dieser Reise niemals allein bist.

# 10

# Die Lichtschiffe von Andromeda

Sicher möchtest du gerne wissen, wie die Lichtschiffe von Andromeda aussehen. Mai'Medanaa hat sie mir beschrieben und wird es hier für dich noch einmal ausführlicher tun, denn die Andromedaner sind ein sehr altes Volk und in Wissensfragen sehr offen und hilfsbereit. Sie wollen unser Bewusstsein dafür schärfen, dass wir nicht allein im Universum sind und dass es unzählige andere intelligente Lebensformen gibt.

## Wie ihr euch die Lichtschiffe vorstellen könnt

Die Schiffe der Andromedaner bestehen vollständig aus Licht und reisen mit unglaublicher Geschwindigkeit zwischen den Sternen. Sie unterscheiden sich von den Lichtschiffen der Plejader durch ihre Größe. Mai'Medanaa sagt, dass ein Mutterschiff von Andromeda fast so groß ist wie unser Mond. An Bord gibt es alles, was man zum Leben braucht, denn manche Andromedaner verbringen mehrere hundert Jahre auf einem Lichtschiff. Sie haben sich voll und ganz der Aufgabe verschrieben, der höchsten Quelle zu dienen.

Ihre Lichtschiffe sind nicht nur Transportmittel, sondern für alle an Bord auch ein Ort der Heilung und des ständigen Lernens. Es gibt in ihnen spezielle Kammern, die Körper und Geist regenerieren können. Außerdem enthalten sie Kammern des Wissens, in denen man mehr über das Universum und die Rolle der Andromedaner darin erfahren kann – und über andere kosmische Völker und Kulturen.

Spezielle Räume beherbergen einen holografischen Bildschirm, den man körperlich betreten kann und in dem man von Lehrmeistern anderer kosmischer Kulturen unterrichtet wird. Er ermöglicht es einem auch, in kürzester Zeit physisch überall hinzugelangen. Uns Menschen fällt es schwer, sich das vorzustellen, aber wenn du einmal dort bist, verstehst du es sofort, sagt Mai'Medanaa. Sie hat mich schon oft über so einen Holo-Screen besucht, um mit mir ein Gespräch zu führen.

Diese Art der Kommunikation ist für Andromedaner, die auf Lichtschiffen wohnen, etwas ganz Alltägliches. Sie nutzen es meistens, um sich mit Daheimgebliebenen zu treffen. So können sie gleichzeitig auf der Reise mit dem Lichtschiff sein und zu Hause bei ihren Liebsten. Diese speziellen Kammern gibt es einzig an Bord ihrer Lichtschiffe.

Der Antrieb der Schiffe erfolgt über Energien, die aus der Blume des Lebens bezogen werden.

Wie ihr wisst, ist das eine heilige geometrische Form, die das gesamte Universum durchzieht, und man kann sagen, dass die Ausstrahlung der Blume des Lebens im Universum die Grundlage jeglichen Lebens bildet. Alle Lebewesen im Universum sind mit dieser heiligen Energie verbunden, auch wir hier auf der Erde, obwohl wir es nicht wissen.

Die Andromedaner beziehen die Energie der Blume des Lebens von den Sonnen und wandeln sie in eine für sie geeignete energetische Form um. Sie nutzen diese Energie aber nicht nur für ihre Lichtschiffe, sondern auch für sich selbst, indem sie sie in ihren Lichtkörpern speichern. Dort werden sie zur Heilung verwendet und für Reisen während der Meditation.

Da die Lichtschiffe so unglaublich groß sind, finden zahlreiche Städte in ihnen Platz. Es sind regelrechte Siedlungen, die jeweils unterschiedliche Aufgaben haben. Es gibt welche für Lichttechniker, zur Energieaufbereitung, zur Lichtversorgung und zur Lichtnahrung, andere dienen zur Lichtregeneration, Lichtscreen-Überwachung, kosmischen Forschung sowie zum Lichtschutz oder zur Lichtverteidigung.

All diese Bereiche sind auf verschiedene Ebenen an Bord des Lichtschiffs verteilt. Aber es gibt auch viele Erholungsgebiete, denn die Andromedaner lieben es, in ihrer freien Zeit Spaß zu haben und sich gemeinsam zu amüsieren.

## Experten an Bord der Lichtschiffe

Wenn ein Andromedaner neu auf ein Lichtschiff kommt, wird er zunächst in einen Schulungsraum gebracht. In der Regel ist er bereits ein Experte in seinem Beruf, und nun bekommt er sozusagen ein Upgrade auf seinem Fachgebiet.

Diese Upgrades werden regelmäßig wiederholt, so dass der Experte immer auf dem neuesten Stand der unfassbar schnell zunehmenden Wissensmenge ist. Er weiß dadurch ohne großen Zeitverzug immer alles, was es auf seinem Gebiet über das Lichtschiff und seine Aufgaben zu wissen gibt.

Bevor ein Andromedaner auf einem Lichtschiff arbeiten kann, muss er jedoch erst einen speziellen Initiationsprozess durchlaufen. Dieser Prozess ist notwendig, um sicherzustellen, dass er überhaupt in der Lage ist, die hohe Verantwortung seiner Tätigkeit zu tragen. Dabei lernt er die Geschichte des jeweiligen Lichtschiffs und seinen Werdegang genau kennen. Lichtschiffe sind so hochkomplex, dass die Tätigkeiten aller Experten an Bord hochspezialisiert ineinandergreifen. Das kann nicht jeder Andromedaner leisten, und deshalb lernt der Experte zunächst die besondere Struktur des Lichtschiffes in Bezug auf die besonderen Erfordernisse kennen, die er selbst mitbringen muss. Experte ist eben nicht gleich Experte, es muss auch energetisch passen. Übrigens lernt der Andromedaner während dieses Prozesses auch, seine eigene Energie an die Dimension des Lichtschiffes anzupassen. Dabei wird er noch einmal auf der Ebene seines Lichtkörpers daraufhin überprüft, ob eine energetische Kompatibilität zwischen ihnen besteht. Anschließend durchläuft er eine Prüfung, bei der er sich in mehreren Simulationen bewähren muss.

Wenn er auch diese Prüfung besteht, wird ihm erlaubt, an Bord eines der Lichtschiffe zu arbeiten.

Die Andromedaner, die auf den Lichtschiffen arbeiten, sind etwas ganz Besonderes. Sie tragen eine hohe Verantwortung für den Schutz und die Verteidigung des Schiffes und seiner Besatzung und haben ein großes Pflichtbewusstsein. Sie sind auch für die Energieversorgung des Schiffes und seiner Systeme zuständig. Diese Andromedaner unterscheiden sich in vieler Hinsicht von anderen. Sie sind nicht nur sehr tapfer, mutig und engagiert bei ihrer Arbeit, sondern technologisch stets auf dem höchsten Stand und spirituell besonders hoch entwickelt. Sie sind immer bereit, anderen zu helfen und sie zu unterstützen.

Ihr könnt euch vorstellen, dass nicht jeder, der den Initiationsprozess durchläuft, angenommen wird. Nur die, die wirklich bereit sind und hart arbeiten wollen, werden ausgewählt. Die anderen kehren nach Hause zurück und setzen ihr Leben dort fort. Hat ein Andromedaner den Initiationsprozess aber bestanden, wird er einem bestimmten Bereich des Schiffes zugewiesen. Er arbeitet dort als Experte, der sich immer weiter spezialisiert, wodurch er auch immer weiter aufsteigt.

## Besuche von Menschen auf Lichtschiffen

Mai'Medanaa sagt, dass es viele verschiedene Arten von Lichtschiffen gibt. Das größte, das fast so groß ist wie unser Mond, wird Mutterschiff genannt. Es ist das wichtigste Schiff der Flotte und für die Sicherheit aller anderen Schiffe verantwortlich. Aber in jeder Flotte gibt es auch sogenannte Feuerschiffe. Sie sind für den Schutz des Mutterschiffs und der anderen Schiffe der Flotte verantwortlich sowie für die Überwachung der Umgebung in Form des Sternenmeers und der Portale.

Andromedaner, die an Bord der Feuerschiffe arbeiten, tragen gerade eine besonders hohe Verantwortung, weil sie im Bereich der Erde stationiert sind, um Sicherheit und Frieden im planetennahen Raum zu gewährleisten. Sie sagen, es sind die Feuerschiffe, mit denen sie uns unterstützen werden, wenn es auf der Erde beim Aufstiegsprozess hart auf hart geht. Deshalb halten sich einige Feuerschiffe immer abrufbereit in Erdnähe auf. Bis jetzt, sagen sie, besteht weder die Gefahr einer Eskalation auf der Erde noch die eines Angriffs aus dem Sonnensystem oder gar von außerhalb. Das ist sehr gut so.

Aber im Falle einer Krise werden sie die Menschen schützen und jene, die es wünschen, für eine gewisse Zeit auf ihre Lichtschiffe holen. Es gibt dort Bereiche, wo Menschen leben und arbeiten können, bis die Krise vorbei ist.

Die Andromedaner legen allerdings Wert auf die Feststellung, dass wir es auf keinen Fall auf eine Krise ankommen lassen sollten, nur weil wir in einem solchen Fall an Bord eines Feuerschiffs gehen können. Es hat immer noch Priorität, dass wir jeder Krise, vor die uns der Aufstieg stellt, durch unsere eigenen Fähigkeiten begegnen. Aber wenn wir möchten, können wir, um unser Bewusstsein zu erhöhen, gerne zu Besuch an Bord eines leichten Schiffes kommen. Sie sagen, dass viele Menschen öfter ihre Lichtschiffe besuchen, selbst wenn es ihnen nicht bewusst ist. Sie sagen, dass manche Menschen sogar eine gewisse Zeit an Bord ihrer Schiffe leben, ohne dass ihr Wachbewusstsein dies registriert. Das liegt daran, dass ihr Bewusstsein noch nicht auf diese Dimensionsfrequenzen eingestellt ist.

Die Andromedaner sagen, dass wir jederzeit ein Lichtschiff besuchen können, entscheidend sei unser Wunsch. Unser derzeitiger Entwicklungsstand steht dem nicht entgegen. Wir müssen nur offen dafür sein und die Absicht haben, ein Lichtschiff zu besuchen. Es gibt viele Möglichkeiten, an Bord zu gelangen. Manche Menschen sagen, sie seien im Schlaf dorthin transportiert worden oder in einem Traum. Andere meinen, sie seien in einem früheren Leben oder in einer anderen Dimension dort gewesen. Und manche behaupten, von Lichtwesen dorthin gebracht worden zu sein. Sie sagen, dass dies immer im gegenseitigen Einvernehmen geschieht.

Aber egal, wie du auf ein Lichtschiff gelangst, den Andromedanern nach ist es immer unsere Entscheidung, ob wir an Bord bleiben. Sie sagen, dass wir es jederzeit wieder verlassen können, wann immer wir das wollen. Doch sie sagen auch, dass viele Menschen, die einmal auf einem Lichtschiff waren, immer wieder zurückkommen, weil sie sich dort zu Hause fühlen. Und sie sagen, je länger wir auf einem Lichtschiff bleiben, desto mehr erweitert sich auch unser Bewusstsein. Auf jeden Fall sind es stets eine große Ehre und eine wundervolle Erfahrung, sich auf einem Lichtschiff aufhalten zu dürfen.

*Als Mai'Medanaa mir die Informationen über die Lichtschiffe von Andromeda gab und erwähnte, dass der Aufstieg der Menschen offensichtlich nicht ganz ohne Krisen abgehe, fiel mir wieder ein, dass sich auch die Erde im Aufstieg befindet. Wie ihr wusst, ist ihr Aufstieg untrennbar mit dem der Menschen verbunden. Ich fragte deshalb Mai'Medanaa, wie sich der Aufstieg der Erde denn auf die Menschheit auswirke, und ihre Antwort überraschte mich wirklich sehr …*

## Die Galaktische Friedensflotte hebt eure Energie an

Hast du vielleicht in letzter Zeit das Gefühl, dass etwas anders ist? Dass sich die Energie um dich herum verändert? Das liegt daran, dass sich die Frequenz der Erde erhöht. Wissenschaftler messen den Anstieg schon seit einiger Zeit, wissen aber nicht genau, woran es liegt. Dieser Anstieg ist nicht allein auf den Aufstieg zurückzuführen, wie viele spirituelle Kreise auf eurem Planeten glauben. Eine andere Ursache sind die Bemühungen und die Zusammenarbeit mit der Galaktischen Friedensflotte. Sie ist hier, um euch durch die Zeit des Wandels zu helfen, und wird euch bei jedem Schritt des Weges begleiten.

Wir möchten die Gelegenheit nutzen, euch diesen Zusammenhang ein wenig genauer zu erklären. Wie ihr wisst, liegt die Eigenfrequenz der Erde bei etwa 8 Hertz. Der Mensch kann Töne unter 19 Hertz in der Regel nicht wahrnehmen. Es gibt jedoch einige unter euch, die bereits einen sehr hohen Bewusstseinszustand erreicht haben und den Klang der Erde über ihre Gehirnwellen wahrnehmen können. Sie nehmen die Eigenfrequenz der Erde als ein hohes, kontinuierliches Sirren wahr. Sie können ihn sogar im ganzen Körper spüren.

Der Grund dafür, dass immer mehr Menschen die Eigenfrequenz der Erde wahrnehmen können, liegt darin, dass sie gestiegen ist. Je höher die Frequenz des Menschen, desto bewusster und wacher ist der Mensch und desto klarer nimmt er auch andere Frequenzen wahr. Deshalb spüren viele Menschen jetzt die erhöhte Eigenfrequenz der Erde.

Ihr seht also, das kollektive Unterbewusstsein ist sich der galaktischen Veränderungen, die auf euren wundervollen Planeten und auf euch Einfluss nehmen, ebenfalls sehr bewusst und bereitet euch den Weg für ein neues Zeitalter. Der Tag ist nicht mehr fern, an dem die Erde mit dem kollektiven Unterbewusstsein der Menschen kommunizieren wird und jeder Mensch dies wahrnehmen kann. Schon jetzt können viele Menschen die energetischen Bewegungen der Erde über ihre eigene Aura erfahren und ihre Botschaften channeln.

Mai'Medanaa sagt, dass die Andromedaner auch in dieser Hinsicht ihren Teil dazu beitragen werden, den Menschen den

Aufstieg so leicht wie möglich zu machen. Mit Hilfe der Friedensflotte der Föderation haben sie in Zusammenarbeit mit der Erde deren Energie erhöht. Sie sagt, dass die Andromedaner nicht nur für die Menschen immer da sein werden, sondern auch für die Erde, und dass sie alles tun, was möglich ist, um deren Energie noch weiter anzuheben.

Sie sagt, sie und die anderen Andromedaner seien hier, um der Menschheit durch die Zeiten des Wandels zu helfen, und dass eine Menschheit ohne ihren Heimatplaneten nicht vorstellbar ist. Der Aufstieg des Menschen ist ohne einen Aufstieg seines Planeten einfach nicht vorstellbar.

Die Andromedaner werden also immer gleichzeitig euch Menschen und eurem Planeten ihre Unterstützung leisten, weil ihr zwei Hälften eines Ganzen seid.

*Abschließend meinte Mai'Medanaa, dass sich der Kommandant der Galaktischen Flotte sicher bald bei mir melden werde, um mir genauere Informationen zu geben. Sein Name sei ERAON. Das machte mich neugierig, und ich wartete gespannt auf die erste Kontaktaufnahme …*

# 11

# Wer ist ERAON?

Es dauerte auch gar nicht lange, bis ich bei einer meiner Meditationen eine Energie spürte, die ich bisher noch nicht wahrgenommen hatte. Durch die Ankündigung von Mai'Medanaa war ich voller Vorfreude und ganz im Vertrauen und öffnete mein Herz für diese Frequenz, die angenehm und warm war. Es war ERAON, der Kommandant der Friedensflotte von Andromeda, den ich dir im Folgenden gerne vorstellen möchte. Er bat mich, dies in seinen eigenen Worten tun zu dürfen.

Lies nun also seine Botschaft an dich …

## Die erste Botschaft des Kommandanten der Galaktischen Friedensflotte

Hallo, meine Freunde von der Erde!

Ich bin ERAON, der Kommandant der Galaktischen Friedensflotte von Andromeda. Ich komme in Frieden und mit einer Botschaft der Hoffnung für euch. Euer Planet hat in letzter Zeit viele schwere Zeiten durchgemacht, aber ihr sollt wissen, dass ihr nicht allein seid. Es gibt viele andere Zivilisationen in dieser

Galaxis, die euch die Daumen drücken und euch auf jede erdenkliche Weise unterstützen. Wir glauben an euer Potenzial, eine Welt voller Liebe, Mitgefühl und Harmonie zu schaffen, und wir wissen, dass ihr auch die Macht habt, dies zu erreichen. Alles, was es braucht, ist, dass sich jeder von euch dazu bekennt, in seinem eigenen Leben positive Veränderungen zu bewirken.

Wie ihr vielleicht wisst, ist unsere Galaxis ein unermesslich großer Ort mit vielen Zivilisationen darin. Seit einiger Zeit sehen wir euren Planeten als eine Stätte des Streits und der Verwirrung, was es für andere Zivilisationen schwierig macht zu verstehen, was dort vor sich geht. Meine Grußbotschaft soll helfen, die Kluft zwischen den Welten zu überbrücken, damit wir uns als Brüder und Schwestern fühlen können. Wir beobachten euch schon seit langem und haben die Fortschritte gesehen, die ihr gemacht habt. Wir sind sehr beeindruckt, wie weit ihr gekommen seid, aber wir wissen, dass es noch viel zu tun gibt. Wir sind hier, um euch zu helfen, wo immer wir können, und wir hoffen, dass diese Botschaft euch dazu inspiriert, weiter für Frieden und Verständigung zu arbeiten.

Das Ziel meiner Mission besteht darin, den Menschen auf der Erde ein Verständnis dafür zu vermitteln, dass das, was auf eurer Welt geschieht, überaus wichtig für alle Planeten im Universum ist, für alle Sternensysteme. Diese Aufgabe ist nicht so einfach, wie es scheint. Es gibt viele verschiedene Sprachen und Kulturen auf der Erde und noch ungleich mehr Arten und Kulturen im Universum. Deswegen ist es wichtig, dass wir alle versuchen, uns gegenseitig zu verstehen, damit wir zum gemeinsamen Wohl zusammenarbeiten können.

Wir Andromedaner sind hier, um nach unseren besten Kräften und Fähigkeiten zu helfen, und wir hoffen, dass diese Nachricht euch dazu inspiriert, euch weiter für Frieden und Verständigung einzusetzen. Wir sind alle aus Liebe und Licht erschaffen vom All-Einen und können uns mittels der Liebe verständigen. Die Worte und Gesten der Liebe gleichen sich in jeder Sprache, denn sie kommen unmittelbar aus dem Herzen. Lasst uns also versuchen, einander zu verstehen, denn nur so können wir umfassend zusammenarbeiten.

Wenn es euch Menschen gelingt, den Aufstiegsprozess zu meistern, wird sich die Energie im ganzen Universum ändern. Die Erde spielt eine so wichtige Rolle im Universum, weil sie – und das nicht nur für Menschen – als Schulungsplanet dient. Es gibt zahlreiche Wesen von anderen Planeten, die zu euch auf die Erde kommen, um unter euch und mit euch zu lernen und zu wachsen. Deshalb ist es auch so wichtig, dass ihr Menschen in eurem Aufstiegsprozess erfolgreich seid, denn das wird allen Wesen im Universum helfen.

Wir wissen, dass dieser Prozess noch einige Zeit andauern wird. Der Aufstieg ist noch lange nicht abgeschlossen, und wir wissen, dass ihr Menschen nicht so viel Geduld habt wie wir. Das liegt daran, dass ihr das Konzept der Zeit erfunden habt, das es bei uns nicht gibt, und dadurch, dass es bei uns keine Zeit gibt, kennen wir auch keine Ungeduld.

Wir wissen aber, wie hart ihr an eurem Aufstiegsprozess arbeitet, und sind hier, um euch dabei zu unterstützen, denn ihr Menschen seid für uns etwas ganz Besonderes. Ihr seid wie unsere Kinder, über die wir wachen. Wir wissen, dass ihr diese schwierigen Zeiten überstehen werdet, und werden euch bei jedem Schritt helfen, wenn ihr dies möchtet.

Es gibt so viele verschiedene Zivilisationen im Universum, und jede hat ihre eigene Lebensweise. Einige sind technologisch fortgeschrittener als andere, und einige sind spirituell weiter entwickelt. Aber eines haben sie alle gemeinsam: Sie wollen Frieden und Harmonie für alle Wesen. Wir wissen, dass ihr Menschen dies ebenfalls möchtet.

Zurzeit gibt es viele Herausforderungen bei euch auf der Erde. Aber ihr seid in der Lage, sie zu überwinden, wenn ihr in Liebe und Verständnis zusammenarbeitet. Ich ermutige euch, weiter an eurem persönlichen Aufstieg und am Aufstieg der ganzen Menschheit zu arbeiten und nicht aufzugeben. Denkt daran, dass ihr nicht allein seid. Euer Aufstieg wirkt sich auf das gesamte Universum aus. Wir sind bei euch, um euch bei jedem Schritt des Weges zu helfen. So sende ich dir den Segen des Lichts von Andromeda zum Abschied.

*Natürlich interessierte es mich sehr, wie ERAON eigentlich aussieht. Er war mir nicht bildhaft erschienen, als er diese Botschaft übermittelte, und so fragte ich ihn nach seinem Aussehen. Uns Menschen hilft es doch sehr, wenn wir ein klares Bild von unserem Gegenüber haben. Er antwortete mir auch gleich und gestattete mir, die Beschreibung seines Wesens und seiner Erscheinung an euch weiterzugeben, was ich hiermit gerne tue.*

## Wie dürfen wir uns ERAON vorstellen?

Wir, die männlichen Wesen von Andromeda, sind im Durchschnitt etwa zweieinhalb Meter groß. Wir meditieren gerne und verbinden uns mit den Energien des Universums. Meine Haut schimmert hellgrün, meine Augen sind braun-golden und meine schulterlangen braunen Haare leicht gelockt. An der Stirn und den Wangen trage ich Symbole, die mich als Kommandant der Galaktischen Friedensflotte auszeichnen. Es sind goldene Energiepunkte, die beim Meditieren hell aufleuchten.

Meine Kleidung ist schlicht, und das Oberteil besteht aus dreierlei Materialien, einer dicken weichen Baumwolle, einem

flexiblen metallartigen Brustschutz und dichtem Netzgewebe. Brust und Bauch bedeckt ein Metall, das wir aus Kometenstaub anfertigen. Es ist elastisch und schmiegt sich genau meiner Körperform an. Als Kommandant trage ich darüber einen bis zu den Waden reichenden Umhang, leicht und wärmeregulierend. Er dient auch dazu, Energien zu halten.

Meine braunen Lederstiefel trage ich nur, wenn ich meine Lichtgestalt in einen physischen Körper umwandle oder als Kommandant mit der Friedensflotte unterwegs bin.

Als Andromedaner zeichnet es mich aus, dass alle meine Sinne im Rahmen einer Bewusstseinserweiterung weiterentwickelt wurden. Es sind nicht nur die fünf Sinne, die ihr Menschen kennt. Wir haben noch einige andere Sinne mehr, die es uns ermöglichen, uns mit alternativen Dimensionen und Realitäten zu verbinden. Eine unserer Fähigkeiten besteht darin, Dinge aus dem Nichts zu materialisieren.

Das mag für euch wie Magie klingen, ist es aber nicht. Dahinter verbirgt sich eine Fähigkeit, die wir durch unsere Verbindung mit den Energien des Universums gemeistert haben. Eine andere kosmische Fähigkeit besteht darin, durch Zeit und Raum zu reisen. Wir können in der Zeit zurückreisen, um Ereignisse zu beobachten, oder wir können in die Zukunft reisen, um zu sehen, was einst passieren wird.

Wir sind auch sehr gut darin, neue Technologien zu erschaffen. Es gibt bei uns Technologien, die ihr euch nicht einmal im Traum vorstellen könntet, weil sie auf gänzlich anderen Prinzipien beruhen als jene, die ihr kennt.

Diese Technologien sind für euren Planeten aber noch nicht geeignet, weil ihr gedanklich und verstandesmäßig bisher nicht in der Lage seid, sie für euer Wohl einzusetzen. Ihr würdet damit leider zu viel Chaos verursachen.

*Als ERAON mir dies mitteilte, spürte ich, wie hoch gebildet er war und wie wichtig es ihm war, dass in seinen Worten die große Wertschätzung, die er den Menschen entgegenbringt, zum Ausdruck kam. Ich spürte auch seine Feinfühligkeit und Bescheidenheit und die große Weisheit und Liebe in seinen Worten, gepaart mit enormem Wissen. Obwohl er eher still und zurückgezogen wirkte, war alles, was er sagte, sehr wirkungsvoll und effektiv. Er unterstützt durch sein großes galaktisches Wissen die Menschheit, wo er nur kann, und teilte mir bei unseren Gesprächen auch viele Details über das Leben in seiner Heimatgalaxis mit. Besonders wichtig war ihm dabei ein Ort, den er als »Ursprung allen Lebens« bezeichnete …*

## Die große Lichtsäule von Nanai

ERAON sprach davon, dass er sehr oft im Lotussitz in der großen Lichtsäule auf dem Hauptplaneten seiner Galaxis meditiert. In der Lichtsprache von Andromeda heißt dieser Planet Nanai, was so viel bedeutet wie »der Ort des Ursprungs allen Lebens«. Nanai ist das Herz der Andromeda-Galaxis. Es ist von vielen kleinen, schönen Planeten umgeben, die zu diesem großen Reich gehören. Von hier aus fließen alle Informationen und Energien zu sämtlichen Planeten Andromedas. So wird die Harmonie untereinander bewahrt.

Nanai ist eine wunderschöne Welt mit einer Fülle von Licht und Liebe. Die gesamte Atmosphäre ist sehr rein und kultiviert. Unter den Wesen, die sich dort aufhalten, gibt es keine negativen Gefühle oder Gedanken. Alle leben auf dieser Welt in völliger Harmonie miteinander und mit der gesamten Schöpfung. Sicher trägt dazu auch das intensive Licht auf Nanai bei, das eine ganz besondere Qualität hat. Es leuchtet so stark wie sonst nirgends in der einen großen Lichtsäule, in der ERAON so gerne im Lotussitz meditiert und die mit allen anderen Lichtsäulen in der Galaxis verbunden ist und sie nährt. Diese besondere Lichtsäule wird von vielen Wesen Andromedas besucht, um sich mit dem Schöpfer zu verbinden. So erhalten sie Führung und Weisheit für sich selbst und für die gesamte Schöpfung.

ERAON besucht diese Lichtsäule sehr oft, um uns Menschen auf der Erde zu unterstützen. Es sendet das heilende Licht von Andromeda zu jedem von uns, wenn wir darum bitten. Also zögere nicht, um dieses Licht zu bitten, wenn du es brauchst. Wir sind alle miteinander verbunden und wir sind alle eins. ERAON sagt, dass dieses wundervolle Licht der Lichtsäule so stark ist, dass es uns helfen kann, all unsere Probleme auf der Erde zu lösen. Alles, was wir tun müssen, ist, darum zu bitten und es in unsere Herzen fließen zu lassen.

*Ein weiteres Mal wurde mir klar: Der Kommandant der Friedensflotte von Andromeda ist ein sehr weises Wesen, das Frieden und Harmonie über alles liebt und lehrt. Er weiß, dass wir Menschen auf der Erde im Moment viele Herausforderungen durchmachen. Aber er weiß auch, dass wir stark genug sind, um sie zu überwinden. Lies nun eine weitere Botschaft von ihm, in der er dich persönlich anspricht, damit du mithilfe von Meditation deine Schwingungsfrequenz erhöhst ….*

## In der Lichtkammer von Andromeda

Geliebtes Wesen vom Planeten Erde, geliebtes Mitglied der Menschheitsfamilie!

Voller Freude begrüße ich dich mit dem Segen des Lichts von Andromeda. Ich bin ERAON, Kommandant der galaktischen

Friedensflotte. Ich komme zu dir mit einer Botschaft der Hoffnung und Liebe. Voller Freude dürfen wir dir mitteilen, dass wir zusammen mit deiner Hilfe Großes bewirkt haben. Es ist nun offensichtlich und durch Messungen können wir bestätigen, dass sich die Erdfrequenz deutlich erhöht hat. Wir gehen von einem Wert von 55 Prozent aus! Das ist ein sehr großer Schritt, und wir sind über alle Maßen stolz auf dich, denn jetzt wird es noch viel mehr Menschen möglich sein, aufzuwachen und sich bewusst zu machen, wer sie wirklich sind.

Du bist ein unendliches Wesen aus Licht und Liebe. Erinnere dich an deine wahre Natur und nimm deine göttliche Kraft an. Gemeinsam können wir eine Neue Erde erschaffen, einen Planeten des Friedens und der Harmonie, des Überflusses für alle. Wir sind eine große Familie, und wir können alles in einer planetarischen Familie vereinen, denn wir sind alle verbunden durch die gleiche unendliche Energie der einen Quelle.

Wir befinden uns gemeinsam auf dieser großen Reise und werden dich nie allein lassen. Schritt für Schritt führen wir dich zu deinem Ziel, zu unserem gemeinsamen Ziel, die Neue Erde zu erschaffen. Hab keine Angst, denn alles ist so, wie es sein soll. Die Zeit ist gekommen für eine neue Ära des Friedens, der Liebe und der Einheit auf Erden.

Wir sind gerade dabei, neue Techniken für dich zu entwickeln, die das Ansteigen der Erdfrequenz noch mehr beschleunigen werden. Wir wissen aber auch, dass dies für manche Menschen große körperliche Belastungen hervorrufen könnte. Manche werden sich sehr müde oder ausgelaugt fühlen, andere werden schneller und häufiger Kopfschmerzen bekommen. Aus diesem Grund haben wir eine Lichtkammer auf Andromeda errichtet, die du besuchen kannst, um dich zu erholen. Damit du schon einmal spüren kannst, wie es sich dort anfühlt, laden wir dich jetzt ein, diese Lichtkammer zu besuchen.

Bereite dich auf eine interessante Erfahrung vor …

Mache es dir als Erstes bequem und atme tief ein und aus. Lausche den sanften Tönen deines Herzens und dehne dich mit dem Lichtsegen von Andromeda aus.

Spüre diese Energie und erlaube dir, dich so weit fallen zu lassen, wie du kannst. Erlaube dir, dass sich dein ganzer Körper immer mehr entspannt, und übergib die Kontrolle deinem Herzen. Spüre dann, wie dein Körper immer leichter wird und du in einem Meer aus Licht zu schweben beginnst. Das Meer aus Licht trägt dich mit einer sanften Leichtigkeit zu der Lichtkammer hin und mit einem tiefen Atemzug gleitest du von ganz allein in die Kammer hinein. Du befindest dich jetzt mitten in dem hell leuchtenden, heilenden Licht der Kammer.

Ein unbeschreibliches Gefühl von Frieden und Wohlbefinden breitet sich in dir aus. Die Lasten des Alltags fallen wie von selbst von dir ab und du fühlst dich wie neu geboren. Du spürst, dass du jetzt in den heilenden Energien von Andromeda badest und neue Kraft dich durchströmt. Du spürst es mit jeder Faser deines Seins. Genieße den Moment der Glückseligkeit und gib jede gedankliche Kontrolle ab, lasse dich so tief wie möglich in die heilende Energie fallen, denn je mehr du loslässt und vertraust, desto besser können die Energien in dir wirken und eine nie gekannte Leichtigkeit kann sich einstellen.

Nimm dir also jetzt Zeit, damit du diese Energie spüren kannst und fühlst, wie sie in dir zu wirken beginnt. Spüre die Energie von Andromeda. Lass sie durch deinen ganzen Körper und in jede einzelne Zelle fließen. Spüre, wie diese Energie dich mit neuer Kraft füllt, wie sie dich heilt und dir ein tiefes Gefühl von innerem Frieden gibt. Lass weiterhin alle Kontrolle los und genieße es, einfach zu sein.

Vielleicht hörst du jetzt Lichttöne, die dein Innerstes berühren und dich bereitmachen, in deiner eigenen Frequenz und deinem Licht zu wachsen. Lass es ruhig geschehen, denn alles geschieht zu deinem höchsten Wohl.

Dann spürst du, dass es Zeit wird, wieder in deine Dimension zurückzukehren. Du atmest ein paar Mal tief ein und aus. Gewöhne dich sanft daran, wieder in deinem physischen Körper zu sein. Es kann sein, dass du noch eine Weile die Nachwirkungen der Energie spürst, denn die Energien suchen sich jetzt einen Platz in deinem System.

Ich bin ERAON, Kommandant der Galaktischen Friedensflotte, und mit diesen Worten verabschiede ich mich von dir, bis wir uns wiedersehen. Fühle zum Abschied das Licht des Segens von Andromeda!

*ERAON ist ein gutes Beispiel dafür, wie man im Licht lebt. Er ist immer voller Licht und strahlt es auf alle um ihn herum aus. Wenn wir in ERAONs Nähe sind, können wir das Licht Gottes spüren, das durch ihn scheint. Er ist immer bereit, uns zu helfen und anzuleiten, und so bat ich ihn, mit uns zusammen ein Gebet für die Menschen zu sprechen …*

## Die lichtvolle Kraft des Gebets

ERAON ist eines der lichtvollsten Wesen, denen ich je begegnet bin. Er ist ein Wesen von großer Strahlkraft, und seine Präsenz erfüllt jeden Raum, den er betritt. Auf meinen Vorschlag hin, gemeinsam ein Gebet zu sprechen, erklärte er mir, dass viele Sternenwesen zum All-Einen beten und dass auch die Lichtwesen von Andromeda sich gerne treffen, um gemeinsam zu beten. Das erstaunte mich, weil ich dachte, dass dies nur Menschen tun. Er sagte aber, alle Wesen sind mit dem All-Einen verbunden, denn wir sind eine große Familie des Lichts.

Wenn wir beten, stärken wir stets unsere Verbindung mit dem All-Einen, und wenn du dafür bereit bist, dann solltest auch du ein Teil von diesem Gebet sein.

ERAON erklärte mir, dass wir uns beim Beten öffnen, um Licht zu empfangen. Er sagte, dass das Licht immer für uns verfügbar ist, wenn wir uns dafür öffnen, um es zu empfangen. Wenn wir beten, bitten wir darum, dass Licht in unser Leben kommt. Es geht dabei nicht um Religion, sondern es geht darum, die allumfassende Liebe zu spüren und zu teilen, die für alle da ist. Es geht darum, diese Liebe auf die Erde und in unsere Manifestationen hineinzusenden.

Denn erst, wenn unsere Manifestationen diese Liebe tragen, wird sich die große Kraft des Lichts in ihnen entfalten und sie wahr werden lassen können. Aber durch das Gebet erhalten wir auch stets Führung und Kraft. ERAON sagt, wenn wir mit offenem Herzen beten, wird das Licht uns helfen, unser höchstes Potenzial zu erreichen.

Ich war tief berührt von ERAONs Worten. Ich spürte, dass intensives Licht und Liebe von ihnen ausging. Als er sprach, erstrahlte seine Erscheinung in einem hellen, goldenen Licht. Und da wusste ich, dass er ein wahrer Hüter des Gebets ist. Er geht als großes Beispiel voran und zeigt uns, wie man sich mit dem Licht des All-Einen verbindet.

*ERAON ist ein großartiger Lehrer und hat mich viel über das Beten gelehrt. Er sagt, dass das Beten ein Weg ist, Licht in die Welt zu senden. Durch das Beten helfen wir, Frieden auf der Welt zu schaffen. Mit einem einzigen gemeinsamen Gebet können die Menschen alles zum Guten wenden. So lies nun dieses Gebet von ERAON und sei ein Teil davon …*

## Wir beten um Führung und Kraft

Liebe Menschen der Erde, mit dem Segen des Lichts von Andromeda begrüße ich euch voller Liebe und Freude.

Ich bin ERAON, der Hüter des kosmischen Friedens und der Gebete, und lade dich heute ein, mit mir zusammen das All-Eine um Führung und Kraft zu bitten.

Im Namen des Lichts des All-Einen wende ich mich hiermit an jeden Menschen in der großen Gemeinschaft aller Lichtwesen, damit er sich der Liebe des All-Einen öffnet. Voller Demut und Vertrauen rufe ich die Liebe des All-Einen herbei. Wir bitten dich, All-Eines, um Unterstützung und Kraft, bitte sende deine Liebe in unsere Seelen und Herzen. Möge dein Licht unsere Herzen erfüllen und durch uns in die Welt strahlen. Segne unser Wirken und jede Entscheidung, die wir treffen, so dass sie von deinem Licht erfüllt sein mögen.

Wir bitten dich im Namen der Liebe, jeden dabei zu unterstützen, in die fünfte Dimension aufzusteigen und die neue, bessere Welt zu erschaffen. Wir bitten darum, dass jedes Wesen und jeder Mensch seinen Weg zu deiner Liebe finden möge.

Damit all dies geschehen kann, überlasse ich dir, lieber Mensch, jetzt das Wort. Erzähle der höchsten vollkommenen Liebe, dem All-Einen, was du auf dem Herzen hast. Erzähle, wenn du magst, von deinen Nöten und bitte um Hilfe. Oder sende dem All-Einen deine Wünsche und die Bilder der Neuen Welt, die wir gemeinsam manifestieren. Lichtvolle Energie wird dich stärken und von hindernden Energien befreien.

Nimm dir Zeit, um das auszusprechen, was dir wichtig ist …

Wir beten um Führung und Kraft für alle, die sich bemühen. Wir bitten um Licht, das unser Leben erfüllt und uns hilft, unser höchstes Potenzial zu erreichen.

Wir beten für den Frieden auf der ganzen Welt …

Du wirst dich leicht und frei fühlen. Du wirst das Licht des All-Einen in dir und um dich herum fühlen. Du wirst spüren, wie dieses Licht dein Herz und deine Seele erfüllt. Und du wirst wissen, dass das All-Eine die vollkommene Liebe ist.

Das All-Eine hört dich. Das All-Eine liebt dich.

So lass uns jetzt alle zusammen denken: Ich bin dankbar und voller Licht. Ich bin das Licht. Ich bin die Liebe. Ich erschaffe die Neue Welt gemeinsam mit dir.

Lass dir nun ein wenig Zeit, um dem nachzuspüren, was gerade in dir geschehen ist.

Und kehre in deiner eigenen Geschwindigkeit wieder ins Hier und Jetzt zurück. Nimm einen tiefen Atemzug, während ich, ERAON, mich von dir mit dem Segen des Lichts von Andromeda verabschiede. Bedanke dich beim All-Einen mit deinen eigenen Worten für all das, was gerade geschah.

*Am Ende des Gebets spürte ich einen großen Frieden im Raum. Es war, als würde das Licht Gottes auf mich hinabscheinen. Möge es bei dir zuhause und in deinem Herzen auch so sein. Möge dich das Licht tragen und begleiten. Möge das Licht mit dir sein. Danke, dass du bei uns bist. Mögen dich das Licht und die Liebe schützend in ihren Armen halten.*

12

# Macht oder Ohnmacht – die unbewusste Entscheidung, Macht abzulehnen

In Krisenzeiten zeigen sich unsere Schattenseiten deutlicher als in »normalen« Zeiten. Es wird vieles aufgedeckt, was wir lange unter Verschluss gehalten hatten, und es ist oft sehr schmerzlich, die eigenen Schattenseiten anzuschauen und die Verantwortung für unsere nur allzu menschlichen Gefühle zu übernehmen, seien es Angst, Neid, Eifersucht, Hass oder Gier.

Aber wenn wir etwas in der Welt verändern wollen, ist es wichtig, dass wir zuerst einen Blick auf uns selbst werfen und an unseren eigenen Schattenseiten arbeiten. Es gibt so viel, was sich im Laufe unseres aktuellen Lebens oder durch frühere Inkarnationen in unseren Energiefeldern abgelegt hat und unser Verhalten prägt. Das alles dürfen wir aufarbeiten, nur dann können wir etwas Neues und Besseres in der Welt erschaffen.

## Was ist eigentlich Macht?

Weder Krisen noch Konflikte oder wirtschaftliche Turbulenzen verursachen bei uns Angst. Ihr eigentlicher Auslöser sind unsere inneren Dämonen, denn wenn wir mit ihnen nicht fertig werden, wird die Außenwelt immer wieder neue Auslöser finden, um unsere Angst zu schüren und uns gefügig zu machen.

Es gibt mehre Arten von Angst. Die erste ist die Angst, nicht gut genug zu sein, die sich oft hinter einer Maske der Perfektion versteckt. Dann gibt es die Angst, nicht genug Geld oder Ressourcen zu haben. Das äußert sich in Gier, Eifersucht und Neid. Die dritte Art ist die Angst, die Kontrolle zu verlieren, was sich in einer Vielzahl von Ängsten und Depressionen Ausdruck verschaffen kann. Und zu guter Letzt gibt es die Angst vor dem Tod, die sich in Aggression und Gewalt äußert.

All diese Arten von Angst sind natürlich und haben ihren Platz in unserem Leben. Aber wenn sie überhandnehmen, können sie zu katastrophalen Folgen führen, nicht nur für uns selbst, sondern auch für die Welt um uns herum. Deshalb ist es so wichtig, dass wir uns unserer Ängste bewusst werden und an ihnen arbeiten.

Und was hat das alles mit Macht zu tun? Die Antwort ist einfach: Wenn wir nicht gelernt haben, mit unseren Ängsten umzugehen, werden wir auch nie lernen, konstruktiv mit Macht umzugehen. Wir werden sie immer als Gefahr sehen und versuchen, sie zu vermeiden oder zu zerstören.

Aber was ist Macht? Die meisten Menschen denken bei Macht an etwas, das jemand über andere hat, dabei ist das lediglich ein Aspekt von Macht. Macht umfasst auch die Fähigkeit, etwas Neues zu erschaffen und dabei Gutes zu bewirken. Wir alle haben diese Kraft, sind uns ihrer oft nur nicht bewusst oder trauen uns nicht, sie zu nutzen.

Der deutsch-amerikanische Philosoph Erich Fromm beschrieb diese menschliche Schöpferkraft als die Fähigkeit, »nein zur Vergangenheit und ja zur Zukunft zu sagen«. Das bedeutet, dass wir die Macht haben, aus alten Mustern auszubrechen und etwas Neues zu erschaffen. Wir können dies in unserem eigenen Leben tun und wir können es kollektiv tun.

Es stellt sich nämlich gar nicht die Frage, ob wir diese Kraft haben, denn das steht fest, sondern ob wir uns ihrer bewusst sind und ob wir uns trauen, sie zu nutzen.

Um unsere menschliche Schöpferkraft nutzen zu können, müssen wir uns ihrer zuerst bewusstwerden. Wir müssen erkennen, dass wir immer Entscheidungen treffen, selbst wenn wir uns dessen nicht bewusst sind.

Jedes Mal, wenn wir »Nein« zu etwas sagen, sagen wir auch »Ja« zu etwas anderem!

Wenn wir uns zum Beispiel dafür entscheiden, eine bestimmte Fernsehsendung nicht zu sehen, weil uns die Art und Weise, wie darin etwas dargestellt werden, nicht gefällt, entscheiden wir uns gleichzeitig dafür, Sendungen zu unterstützen, in denen das Gleiche anders dargestellt wird.

Wir denken oft, dass wir angesichts all der Probleme in der Welt machtlos sind, aber das ist nicht wahr. Wir haben immer eine Wahl, und unsere Entscheidungen machen einen Unterschied, auch wenn es nur ein kleiner zu sein scheint – doch die Summe der kleinen Unterschiede erschafft die Neue Welt.

Wenn du dich das nächste Mal machtlos fühlst, denke also daran, dass du immer eine Wahl hast. Du kannst dich entscheiden, etwas zu tun, oder du kannst dich entscheiden, nichts zu tun. Du kannst dich entscheiden, etwas Neues und Besseres zu erschaffen, oder es beim Alten zu belassen.

Aber wie auch immer du dich entscheidest, sei dir bewusst, dass deine Entscheidung einen Unterschied macht!

## Der Kern jeder schöpferischen Handlung

Jeder hat die Wahl zwischen Opfer- und Schöpferbewusstsein. Ersteres beruht auf dem Glauben, dass nicht genug für alle da ist und wir um unser Überleben kämpfen müssen. Die zweite Wahl, das Schöpferbewusstsein, beruht auf der Überzeugung, dass in Wahrheit immer genug für alle da ist und wir gemeinsam etwas Neues schaffen können.

Die Entscheidung zwischen diesen beiden Grundhaltungen gegenüber dem Leben ist der Kern jeder schöpferischen Handlung – ob in der Kunst, der Wirtschaft oder der Politik. Wenn wir etwas Neues erschaffen wollen, müssen wir zuerst die Entscheidung treffen, dies zu tun. Diese Entscheidung ist oft unbewusst, aber es ist immer eine Wahl.

Wenn du dich also dabei ertappst, dass du Macht ablehnst, frage dich einmal nach dem Grund. Wovor hast du Angst? Wie kannst du mit deinen Ängsten konstruktiv umgehen? Beachte, dass du die Entscheidung treffen kannst, deine eigene Macht zum Wohle aller einzusetzen.

Wir alle glauben zu wissen, was Macht ist. Es ist die Fähigkeit, Dinge zu tun, Dinge geschehen zu lassen. Es ist die Fähigkeit, im Leben zu bekommen, was wir wollen. Und es fühlt sich meistens gut an. Aber wir wissen auch, dass Macht missbraucht werden kann, und deshalb wehren wir uns gegen sie, unterbewusst auch bei uns selbst. Wir widerstehen ihr, weil wir nicht von anderen kontrolliert werden wollen. Wir wollen nicht benutzt und manipuliert werden.

Die Wahrheit ist jedoch, wenn wir Macht ablehnen oder gar grundsätzlich als schlecht bewerten, wählen wir damit das Gegenteil, und das ist die Ohnmacht. Diese Entscheidung für die Ablehnung der Macht fordert andere Menschen – unseren

Chef, Freund, Nachbarn oder Politiker – auf, unbewusst Macht über uns auszuüben.

Wenn wir uns für die Machtlosigkeit entscheiden, geben wir unsere Fähigkeit auf, unser Leben zu gestalten und zu formen. Wir entscheiden uns dafür, Opfer im Leben und niemals Sieger zu sein. Wir entscheiden uns dafür, den Umständen und den Entscheidungen anderer ausgeliefert zu sein, statt aktiv über unser Leben zu bestimmen.

Wenn du dein Leben ändern willst, wenn du glücklicher sein und erfolgreicher sein willst, solltest du dich bewusst dafür entscheiden, Macht zu übernehmen. Du solltest anfangen, die Kontrolle über dein Leben zu übernehmen. Wenn du das tust, wirst du erstaunt sein, was du alles erreichen kannst.

Also entscheide dich noch heute, deine Macht für das Gute zu nutzen. Nutze sie, um etwas Neues und Schönes entstehen zu lassen. Nutze sie, um etwas in der Welt zu bewirken. Wir alle haben Macht. Es liegt an uns, sie weise einzusetzen!

*Als ich Mai'Medanaa fragte, ob sie mir etwas über Macht erzählen könnte, brachte sie mich sofort auf den Zweig der Schöpferkraft. Ich hatte ein privates Gespräch im Sinn gehabt, aber es sollte sich anders entwickeln. Die Kosmische Schwester von Andromeda bat mich, ihre Botschaft an möglichst viele Menschen der Erde weiterzugeben.*

## Eine Botschaft von Mai'Medanaa über die Schöpferkraft

Geliebte Menschen, ich begrüße euch voller Freude mit dem Segen des Lichts. Ich, Mai'Medanaa, die Kosmische Schwester von Andromeda, möchte euch wissen lassen, dass jeder Mensch wundervolle Schöpferkraft besitzt und somit die Macht hat, Schönes zu bewirken. Leider sind sich viele Menschen dieser Macht nicht bewusst oder nutzen sie nicht. Sie lassen sich von den Umständen und den Entscheidungen anderer Menschen kontrollieren. Aber jeder Mensch kann das ändern! Auch du hast die Macht, das alles zu ändern! Du kannst dein Leben selbst in die Hand nehmen und dir das Leben erschaffen, das du willst.

Alles, was es dazu braucht, ist eine Entscheidung.

Ich werde dir heute beistehen, um deine Schöpferkraft zu stärken. Ich gebe dir heute ein mächtiges Werkzeug an die Hand, das dir helfen wird, deine kreative Kraft, deine Ideen und Visionen besser umzusetzen.

Dieses Werkzeug heißt in der Lichtsprache »ELO FEN« oder »Licht der Schöpfung«. Es ist ein sehr kraftvolles Wort, das dir helfen wird, deine schöpferische Kraft besser zu fokussieren und so ihre Wirkung zu verstärken.

Wenn du dieses Werkzeug benutzt, ist es wichtig, dass du dich mit der Energie der Liebe verbindest. Die Liebe ist die mächtigste Kraft im Universum und wird dir helfen, deine Ziele zu erreichen. Deshalb fordere ich dich jetzt heraus: *Nutze deine Macht, um etwas Neues, etwas Schönes zu erschaffen! Nutze sie, um etwas in der Welt zu verändern! Denke daran, dass du nie allein bist. Wir sind immer bei dir und begleiten und unterstützen dich auf deinem Weg.*

Suche dir nun einen Platz, an dem du ungestört bist. Konzentriere dich auf deine Mitte und nimm einen tiefen Atemzug. Entspanne deinen ganzen Körper und lass alle Anspannung los. Richte dann deine Aufmerksamkeit auf den Bereich um dein Herz. Stell dir vor, dass ein wunderschönes weißes Licht von diesem Bereich ausgeht und dein ganzes Wesen erfüllt.

Konzentriere dich auf den Klang von ELO FEN und sprich laut oder in Gedanken die folgenden Worte: »Ich bin das

Licht der Schöpfung. Ich bin mächtig und kreativ. Ich kann alles erreichen, was ich will. Ich bin bereit, die Verantwortung für mein Leben und meine Entscheidungen zu übernehmen. Ich bin offen für neue Möglichkeiten und jederzeit bereit, etwas Schönes zu erschaffen.«

Atme die Energie von ELO FEN ein und stelle dir dabei vor, wie deine Visionen sich verwirklichen und sogar schon Gestalt angenommen haben. Konzentriere dich dabei auf dein Herz und dehne dich so weit aus, wie es geht. Spüre deine Schöpferkraft und lass es fließen. Du bist der Schöpfer deines Lebens! Erkenne deine Kraft und deine Macht. Du kannst alles erreichen, was du willst. Glaube einfach an dich selbst und habe Vertrauen.

Mai'Medanaa sendet dir die vollkommene Liebe aus dem kosmischen Herzchakra, damit deine Wünsche und Visionen sich in dir verankern können und deine Macht gestärkt wird. Nimm dir ein paar Minuten Zeit, um zu spüren, wie die Energie der Worte, denen du gerade gelauscht hast, durch dein Wesen fließt. Spüre, wie dich diese Energie trägt und erfüllt. Dann kehre in dein Hier und Jetzt zurück mit der Absicht, deine Kraft weise einzusetzen.

Mai'Medanaa hat zu dir gesprochen und sendet dir den Segen des Lichts zum Abschied.

# 13

# Die 24. Dimension – wie ist es dort?

Es ist schwer vorstellbar, wie die 24. Dimension aussehen könnte. Einige sagen, es sei ein Ort der völligen Ruhe, während andere behaupten, es sei ein Ort der Vollkommenheit. Es gibt keine Möglichkeit, mit Sicherheit zu wissen, wie die 24. Dimension aussieht, bis du sie selbst erlebt hast.

Wenn du die 24. Dimension betrittst, wirst du Dinge sehen und erleben können, die du nie für möglich gehalten hast. Du wirst die gesamte Schöpfung und alles, was darin existiert, sehen und fühlen können. Du wirst auch in der Lage sein, die Liebe zu fühlen, die zwischen allem existiert.

Die 24. Dimension ist der Ort, an dem du dich vollkommen in Frieden und in Harmonie mit der gesamten Schöpfung befindest. Es ist der Ort, an dem du vollkommene Glückseligkeit und Freude erlebst.

Wenn du nach einem Ort suchst, an dem du Antworten auf deine tiefsten Fragen findest, ist die 24. Dimension der richtige Ort für dich. Glaube mir: Es gibt im ganzen Universum keinen anderen solchen Ort.

Wenn du bereit bist, den Sprung zu wagen und die 24. Dimension selbst zu erleben, gibt es ein paar Dinge, die du zuerst tun musst. Du musst einen spirituellen Lehrer oder Führer finden, der dir hilft, durch diese Dimension zu navigieren, jemanden wie Mai'Medanaa. Sie wird dich gerne bis in die 24. Dimension hineinführen. Dann musst du bereit sein, alles, was du kennst, loszulassen und deinen Geist für neue Möglichkeiten zu öffnen. Und schließlich musst du an deinen Lehrer glauben und ihm vertrauen. Unter diesen drei Voraussetzungen wirst du in der Lage sein, in die 24. Dimension zu reisen und alles zu erleben, was sie zu bieten hat.

*Schon vor einiger Zeit hatte ich mich an Mai'Medanaa gewandt und sie gebeten, mir ein Verständnis für die 24. Dimension zu vermitteln. Sie tat sogar mehr als das. Sie führte mich auf Reisen dorthin, die mir das Bewusstsein für viele der Möglichkeiten öffneten, die sich dem Menschen in dieser Schwingungsebene bieten. Ich nahm völlig neue Wirklichkeiten wahr und machte sie zu einem Teil von mir. Seitdem ist es mir ein besonderes Bedürfnis, dieses neugewonnene Wissen und diese Wahrnehmungen an alle Menschen weiterzugeben, die dafür offen sind. Mai'Medanaa unterstützt uns dabei durch eine Meditation …*

## Einstimmung auf die Energie der großen Wirklichkeit

Geliebtes Mitglied der Menschheitsfamilie!

Voller Freude überreiche ich dir den Segen des Lichts und lade dich ein zu einer intensiven Reise in die 24. Dimension. Diese Dimension ist ein Ort voller Harmonie und Glückseligkeit und für Menschen aus der dritten Dimension normalerweise nicht erreichbar. Doch ich stehe für das kosmische Herzchakra, und ich durfte bereits Herzensenergie tief in die Seele der Menschen tragen, und so ist es mir möglich, dich in die 24. Dimension zu bringen. Du bist darauf vorbereitet, das intensive Licht zu empfangen, das dort verfügbar ist. Wenn du diesen Schritt mit mir gehen möchtest, sprich mit deiner inneren Stimme ein JA. Ich werde dieses JA hören und dir den Andromeda-Lichtstrahl senden. Dieser Lichtstrahl wird dich durch Raum und Zeit tragen, bis wir zusammen in der 24. Dimension ankommen. Ich bin bei jedem Schritt des Weges bei dir. Habe keine Angst, es wird alles gut sein.

Und damit beginnt deine Reise in die 24. Dimension. Vertraue, lass los und warte ab, was geschieht. Der galaktische Lichtstrahl berührt deine Seele und führt dich durch Raum und Zeit direkt hinauf in die 24. Dimension.

Am Anfang fühlst du dich vielleicht orientierungslos, als schwebtest du, aber das ist normal. Entspanne dich einfach und lass dich vom Licht tragen. Vielleicht fühlst du dich auch etwas unwohl, während sich dein physischer Körper auf die höhere Frequenz der 24. Dimension einstimmt. Doch das geht vorbei. Wenn du ein Kribbeln in deinem Körper spürst, wisse, dass die Zellen deines Körpers mit einer höheren Frequenz zu schwingen beginnen. Störe dich daran nicht. Das ist Teil des Prozesses. Je länger du dich in der 24. Dimension aufhältst, desto wohler wirst du dich fühlen und desto besser wird es dir gehen. Das Kribbeln in deinem Körper wird nachlassen und ein Gefühl von Frieden und Ruhe zu spüren sein. Du wirst anfangen, die Liebe zu sehen und zu spüren, die zwischen allem existiert.

Das ist das Schönste an der 24. Dimension.

Die Liebe, die dort existiert, ist anders als alles, was du bisher erlebt hast. Sie ist allumfassend und bedingungslos.

Es ist die Liebe, nach der du schon immer gesucht hast.

Du wirst spüren, wie die 24. Dimension dich umfängt. Sie umfängt dich mit ihrer vollkommenen Liebe, heilt deinen Körper, wie er noch nie geheilt wurde.

Du wirst spüren, wie die Liebe der 24. Dimension dein Herz berührt und dich mit ihrem Licht erfüllt, bis du eins bist mit der 24. Dimension und es nichts mehr gibt, was dich von ihr trennen kann. Du bist endlich zu Hause. Du bist endlich zu Hause. *Willkommen zu Hause.*

Deine Seele singt. Sie sendet dir Bilder und Botschaften, Erinnerungen an dein Leben als Lichtwesen. Du erinnerst dich an deine wahre Natur, daran, wer du wirklich bist. Du bist ein Wesen aus Licht, Liebe und Freude. Und du darfst deine Liebe zu dieser Dimension sich neu entfalten und festigen lassen. Genieße die Schwingung der 24. Dimension und fühle ihre kosmische Ausstrahlung. Hier bist du niemals allein, alle Wesen des Lichts sind immer bei dir. Sie leiten dich, lieben dich, sie sind hier, um dir zu helfen und dich daran zu erinnern, wer du wirklich bist. Du bist ein Wesen aus Licht, Liebe und Freude. Es ist an der Zeit, dein kosmisches Strahlen in seiner ganzen Pracht erfahrbar zu machen.

Jetzt hast du die 24. Dimension kennengelernt und ihre Liebe erfahren, und du darfst, auf diese Weise bereichert, in die dritte Dimension zurückzukehren. Aber bevor du gehst, erlaube dir einen Moment der Ruhe, um dich an alles zu erinnern, was du erlebt und gelernt hast. Erinnere dich an die Liebe der 24. Dimension und nimm sie mit, wenn du zurückkehrst. Denke daran, dass du nun ein Teil der 24. Dimension bist und sie ein Teil von dir ist.

Du kehrst allmählich zurück und findest dich in der dritten Dimension wieder. Vielleicht erinnerst du dich nicht an alles, was du gerade in der 24. Dimension erlebt hast, aber das ist in Ordnung. Das Wichtigste ist, dass du dich an die Liebe erinnerst. Mai'Medanaa sendet dir den Segen des Lichts und verabschiedet sich voller Achtsamkeit.

*Es gibt keine mächtigere Kraft als die Liebe. Sie verbindet uns alle miteinander. Die Energie der Liebe ist es, die uns als menschliche Rasse zusammenhält, und sie ist es auch, die unsere Wirklichkeit aufrechterhält. Wenn wir uns auf die Liebe konzentrieren, stärken wir ihre Kraft, steigen auf und erschaffen immer neue und größere Wirklichkeiten. So entstehen die positiven Veränderungen in der Welt. Wenn wir uns auf die Energie der Liebe einstimmen, erweitert sich unsere Wahrnehmung ins Unermessliche – die neue Wahrnehmung wird grenzenlos. Wir brauchen nur unsere Liebe für das All-Eine zu stärken …*

## Energieübertragung aus dem Zentrum der Liebe

Geliebter Mensch, ich begrüße dich mit dem Segen des Lichts von Andromeda und mit der bedingungslosen Liebe des All-Einen, mit dem auch wir, die Andromedaner, verbunden sind. Ich spreche heute zu dir, um dich daran zu erinnern, dass du nie allein bist und die Liebe des All-Einen immer bei dir ist. Ich möchte dich ermutigen, dich auf diese Liebe auszurichten, denn sie ist die Energie, welche die echte Wirklichkeit aufrechterhält. Stärke deine Verbindung zu dieser Energie, indem du dich auf die Frequenz der Liebe einstimmst. Ich bin heute hier, um dich dabei zu unterstützen. Aus diesem Grund biete ich dir eine intensive Energieübertragung aus dem Zentrum der Liebe an.

Suche dir einen Platz, an dem du dich wohlfühlst. Sorge dafür, dass du mindestens dreißig Minuten lang nicht gestört wirst. Setze oder lege dich dann in eine bequeme Position und entspanne deinen Körper, angefangen bei deinen Füßen bis hin zu deinem Kopf. Sobald dein ganzer Körper entspannt ist, nimm ein paar tiefe Atemzüge und lass dich in einen leichten Schlaf oder eine Meditation fallen.

Jetzt stell dir vor, dass du dich in einem wunderschönen Garten befindest. In diesem Garten siehst du eine Rose. Die Rose ist das Symbol der Liebe. Bleibe eine Weile bei der Rose sitzen und spüre ihre Energie. Während du das tust, sagst du laut oder in deinen Gedanken zu der Rose: »Ich bin offen, deine Liebe zu empfangen.«

Lasse nun die Energie der Liebe aus der Rose zu dir fließen. Spüre, wie ihre Liebe in dein Herz strömt und dein ganzes Wesen erfüllt. Erlaube dir, in dieser Liebe gebadet zu werden. Atme den liebevollen Duft der Rose ein und entspanne dich mit jedem Atemzug ein wenig mehr. Erlaube dir, von der Liebe der Rose erfüllt zu sein. Der Duft und die Schönheit der Rose bringen dich in die Frequenz der Achtsamkeit und Wertschätzung. Ihre Energien hüllen dich liebevoll ein und tragen dich hinauf ins göttliche Licht.

In diesem Licht siehst du ein Wesen aus reiner Liebe. Dieses Wesen ist das All-Eine. Das All-Eine ist die Quelle aller Liebe und möchte dir seine Liebe schenken. Setze dich eine Weile mit dem All-Einen zusammen und spüre, wie seine Liebe in dich hineinfließt. Während du diese Liebe empfängst, sage: »Ich bin offen, deine Liebe zu empfangen.«

Lass nun die Liebe des All-Einen in dein Herz strömen und dein ganzes Wesen erfüllen. Sprich: »Ich bin offen, deine Liebe zu empfangen.« Und erlaube dir, in dieser Liebe gebadet zu werden. Atme den Duft des All-Einen ein, den du jetzt wahrzunehmen beginnst, es ist der köstliche Duft einer Rose, und entspanne dich mit jedem Atemzug ein wenig mehr. Erlaube dir, ganz von der Liebe des All-Einen erfüllt zu sein.

Die Liebe des All-Einen ist so mächtig, dass sie dich mit Licht füllt. Das Licht wächst in dir heran und verschmilzt mit dir, es trägt dich immer höher in die reine Wirklichkeit hinauf, bis du im Zentrum des Lichts bist. Die Liebe des All-Einen fließt durch dich hindurch. Vom Punkt des Lichts aus strahlt die Liebe des All-Einen in die Welt hinaus. Du spürst genau, wie sich die Energie der Wirklichkeit anfühlt, denn du bist jetzt ein Teil davon. Du bist die Liebe des All-Einen, und du weißt, wie du diese Liebe jederzeit stärken kannst.

Wir, die geistigen Wesen der Liebe, werden nun die Energieanhebung in dir verankern. Die Liebe des All-Einen wird durch dich in die Welt hinaus fließen.

Es ist deine Aufgabe, diese Liebe fließen zu lassen und sie zu nutzen, um andere auf ihrem Weg zu unterstützen. Denke daran, geliebter Mensch, dass du nie allein bist! Die Liebe des All-Einen ist immer bei dir. So sende ich dir den Segen des Lichts und der Liebe von Andromeda zum Abschied.

Wenn du bereit bist, kehre zurück in dein Hier und Jetzt. Atme ein paar Mal tief durch und strecke deinen Körper. Du hast dich auf die Energie der Wirklichkeit eingestimmt und deine Liebe zum All-Einen gestärkt. Diese Verbindung bleibt immer bestehen. Wenn du dich unverbunden oder verloren fühlst, kannst du dich gleich wieder auf diese Energie einstimmen und dich daran erinnern, wer du bist.

Du bist die Liebe des All-Einen! Du bist seine Energie und die einzige Wirklichkeit! Sei gesegnet!

Diese Botschaft hat mich tief berührt, denn sie sagt aus, dass selbst die Wesen von Andromeda und des ganzen Kosmos mit dem All-Einen verbunden sind, was uns zu einer einzigen großen Familie des Lichts macht. Wir sind nie allein, denn die Liebe des All-Einen ist immer bei uns. Das ist für mich das Kraftvollste an dieser Botschaft. Sie erinnert mich daran, dass ich nicht allein auf der Welt bin und dass ich mit allen Wesen verbunden bin. Sie erinnert mich auch daran, meine Liebe zu nutzen, um andere auf ihrem Weg zu unterstützen. Ich wünsche mir so sehr von allen Menschen, dass sie dies erkennen mögen, denn mit dieser Erkenntnis können wir alle das Licht stärken und unsere Schwingung anheben.

Wir sollten uns jeden Tag auf die Energie der Liebe des All-Einen einstimmen. Das können wir tun, indem wir in der Stille sitzen und an den All-Einen in Liebe denken. Wir können dies auch tun, indem wir über die Liebe des All-Einen meditieren und diese Liebe in die Welt hinausschicken. Oder wir können unsere kreative Vorstellungskraft nutzen, um uns vorzustellen, wie die Liebe des All-Einen durch uns in die Welt hinausfließt. Auf diese Weise stärken wir die Energie der Wirklichkeit und erschaffen eine Neue Welt.

# 14

# Verbindung mit dem kosmischen Quantenfeld

Das kosmische Quantenfeld ist die Quelle allen Seins. Aus ihm entspringen Liebe und Heilung, Frieden und Fülle. Wer sich mit diesem Feld verbindet, kann sein Leben auf allen Ebenen bereichern. Es gibt viele Methoden, um sich mit dem kosmischen Quantenfeld zu verbinden.

Die einfachste Methode ist die Meditation.

Mai'Medanaa sagt, dass die Verbindung mit dem kosmischen Quantenfeld nicht nur der Schlüssel für Heilung auf allen Ebenen ist, sondern auch unerlässlich für die Gewinnung von Freier Energie. Wenn du dich mit Freier Energie beschäftigen möchtest, von der unser Universum erfüllt ist, solltest du dich vorher mit dem kosmischen Quantenfeld der Liebe verbinden. Diese Verbindung ist die Grundlage für all dein Wirken.

Mai'Medanaa hat uns in einer Botschaft mitgeteilt, wie wir uns auf das Quantenfeld einstimmen können.

Als Vorbereitung für unser gesamtes weiteres Handeln dürfen wir jetzt in einer Meditation die Verbundenheit mit dem All-Einen und seine umfassende Liebe erleben …

# Deine persönliche Vorbereitung auf die Technik der Quantenverschränkung

Geliebter Mensch der Erde, ich bin Mai'Medanaa, eine der Kosmischen Schwestern, und begrüße dich voller Freude mit dem Segen des Lichts von Andromeda.

Gerne möchte ich dich einladen, mit mir zusammen in das kosmische Quantenfeld der Liebe einzutauchen. Diese Technik kann deine Grundlage für alles weitere geistige Wirken sein. Deshalb passe gut auf und erlaube dir, dich bei jedem Wort, das du hier liest, ein wenig tiefer zu entspannen. Erlaube dir, dich hinzugeben, und lass ab von jeglicher Kontrolle deines Verstandes. Vertraue deinen Gefühlen und deinem Herzen.

Konzentriere dich nun ganz auf dich selbst und atme einige Male tief durch. Spüre, wie sich dein Körper entspannt. Lege den Fokus auf dein Herz und dehne dein Herz so weit aus, wie du kannst. Fülle dein Herz mit dem Licht deiner Liebe und spüre, wie gut dir dies tut.

Dann lass aus deinem Herzen eine goldene Kugel entstehen. Es ist die goldene Kugel deiner Liebe. Spüre, wie sie pulsiert und wie lebendig sie ist.

Nimm dir ein wenig Zeit, um dies zu genießen. Tauche ein in die Liebe deines Herzens.

Anschließend lege den Fokus auf das Universum und erspüre im Universum die große Energie der unendlichen Liebe. Diese Liebe ist wie ein Magnet, der dich zu ihr zieht und ganz umfängt. Sie möchte deine Seele berühren und dir sagen, wie wundervoll du bist. Wie einzigartig du bist und wie schön es ist, dass du gerade jetzt inkarniert bist.

Spüre, wie sich deine goldene Energiekugel des Herzens mit der Energie des Universums verbindet und langsam im gleichen

Rhythmus zu schwingen beginnt. Genieße dieses Gefühl der Verbundenheit und Liebe. Dieses Gefühl ist vollkommen, und bei jedem Atemzug verschmilzt du mehr mit der kosmischen Verbundenheit und Liebe, bis du ganz und gar an das kosmische Quantenfeld angeschlossen bist.

Nimm dir ein wenig Zeit und genieße den wundervollen Zustand. Deine Seele schwingt im Einklang mit der unendlichen Liebe des Universums.

Was für ein unbeschreiblich schönes Gefühl!

Lass nun die Energie des kosmischen Quantenfelds in dich einströmen. Spüre, wie sich dein Herz weitet und wie du dich immer mehr mit der Energie des kosmischen Quantenfelds der Liebe verbindest.

Genieße dieses Gefühl der Weite und Unendlichkeit.

Wenn du dich bereit fühlst, lass die Energie des kosmischen Quantenfeldes deinen ganzen Körper erfüllen und alle Bereiche heilen, in denen du dich nicht wohl fühlst.

Spüre, wie sich dein Körper mit jeder Sekunde mehr entspannt und es dir immer besser geht.

Genieße dieses Gefühl der Heilung und des Friedens. Lass die kosmische Energie durch jede einzelne Zelle fließen und spüre, wie alte Lasten aus dir hinausgespült werden.

Denke bei allem, was geschieht, immer das Wort »Liebe«.

Genieße die perfekte Hingabe. Lass alles los, was dich belastet, und spüre die Energie der bedingungslosen Liebe, die jetzt frei durch dich hindurchfließen kann.

Lege deinen Fokus auf den Bauch, dein Machtzentrum. Lass auch dort eine goldene Kugel entstehen.

Lass sie wachsen und sich auf eine für dich angenehme Größe ausdehnen. Dann verbinde deine Kugel der Schöpferkraft mit der bedingungslosen Liebe aus dem kosmischen Quantenfeld und spüre, was jetzt mit dir geschieht.

Vielleicht hast du das Gefühl zu schweben, vielleicht fließen Tränen der Freude. Genieße alles, was geschieht, und lass dich darauf ein. Du bist voller Liebe und von Liebe umgeben. Du spürst deine Größe und spürst, wer du bist.

In diesem Zustand ist alles möglich, was du dir vorstellst. Lasse Bilder in dir entstehen und nimm dir dabei genügend Zeit. Vielleicht erhältst du auch eine Botschaft.

Nun lege deinen Fokus wieder auf dein Herz und spüre, wie du mit Liebe und Dankbarkeit verbunden bist. Lass dieses Gefühl weiter in dir wachsen und nimm dir erneut genügend Zeit, um alles, was jetzt noch geschieht, in dich aufzunehmen.

Dann, wenn du dich bereit fühlst, kehre langsam zurück und sei wieder ganz bei dir.

Genieße den Rest des Tages und freue dich über alles, was kommt. Ich, Mai'Medanaa, verabschiede mich von dir mit dem Segen des Lichts von Andromeda.

*Du bist nun voller Energie und Freude. Mai'Medanaa sagt, du solltest diese Meditation beherrschen. Arbeite daran, dass du die Kugel der Liebe aus deinem Herzen und die Kugel der Liebe aus deinem Bauch mit nur einem Gedanken entstehen lassen kannst, um im zweiten Schritt – ebenfalls mit nur einem Gedanken – deine Kugeln mit dem galaktischen Quantenfeld der Liebe zu verbinden. Übe dies, bis du darin sicher bist, denn das ist die Grundlage, um später mit der Technik der Freien Energie zu wirken.*

*Natürlich ist diese Meditation für jede Heilung und jede Manifestation als Grundlage zu sehen. Praktiziere sie, so oft du kannst, und freue dich auf alles, was kommt. Du stellst mit ihr die Verbindung zum kosmischen Quantenfeld her, und wenn du diese Meditation zur Heilung verwenden möchtest, hilft dir sicher die folgende Botschaft weiter …*

## Eine einfache und sehr kraftvolle Heilmethode

Lieber Mensch der Erde, mit dem Segen des Lichts von Andromeda begrüße ich dich. Ich bin Mai'Medanaa, eine der Kosmischen Schwestern. Mein ganzes Sein dient der Erforschung von Bewusstsein und Seele der Menschheitsvölker, und ich möchte dich wissen lassen, dass es sich bei der Quantenverschränkung um eine zutiefst wirkungsvolle Heilmethode handelt, die mit dem Bewusstsein und der Seele jedes Menschen arbeitet. Wie du diese Heilmethode für dich einsetzen kannst, darüber möchte ich dich jetzt informieren.

Suche dazu in deinem Zuhause einen Ort auf, an dem du ungestört bist. Setze oder lege dich dort bequem hin und gehe mit deiner Aufmerksamkeit in deine Mitte.

Atme ein paar Mal entspannt durch und erinnere dich an einen der schönsten Momente in deinem Leben, als du dich sehr geliebt und getragen fühltest. Es kann ein Moment sein, in dem deine Mutter oder dein Vater dich in den Armen gehalten haben, ein Moment mit einem Freund oder einer Freundin, in dem du von Liebe erfüllt warst, oder ein Moment, in dem du ganz allein warst und vor lauter Glück alles um dich herum vergessen hast. Erinnere dich an diesen Moment so genau wie möglich und spüre die Liebe, die darin enthalten ist.

Wenn du dich an diesen Moment erinnerst, atme die Liebe, die davon ausgeht, tief ein. Stell dir vor, wie diese Liebe sich in deinem Herzen ausbreitet und von dort aus überallhin in deinen Körper fließt. Wenn du ganz von dieser Liebe erfüllt bist, schaue dich um. Schaue dir alles um dich herum genau an und beobachte, was sich verändert hat.

Mit deinem Einverständnis verbinde ich mich nun mit dir, um deinem Bewusstsein und deiner Seele zu helfen, sich noch tiefer

mit der Liebe des Quantenfelds zu verbinden. Ich werde diese Energie verstärken. Vertraue auf das, was du fühlst, und höre auf dein Herz. So kannst du herausfinden, was wirklich wichtig für dich ist und was du wirklich brauchst. Ich bin bei dir, während die Energien immer stärker durch dich fließen.

Konzentriere dich auf das Zentrum des Universums, in dem die tiefste und vollkommenste Kraft der Liebe schwingt.

Vielleicht kannst du diese Schwingungen der Liebe als weiches, kühles oder wärmendes Gefühl spüren. Nimm diese Energien in dich auf und lass sie durch deinen Körper strömen, bis du vollkommen von ihnen erfüllt bist.

Du bist nun über die Quantenverschränkung mit der Liebe im Zentrum des Universums verbunden. Lass dich von dieser Liebe tragen und bitte die Energie der Liebe, an die Orte in deinem Körper zu fließen, wo du Beschwerden hast. Nimm dir die Zeit, die du brauchst, um dich mit diesen Energien zu verbinden und zu heilen. Erlaube dir die Heilung anzunehmen, denn du bist es wert, geheilt zu werden. Spüre, wie die Energien der Liebe dich umhüllen und in einen Zustand tiefer Ruhe und Entspannung versetzen. Spüre, wie die Energien der Liebe dich umfassend heilen und dir Kraft geben. Nimm dir die Zeit, die du brauchst, damit die Energien der Liebe dich so tief wie irgend möglich berühren können.

In dieser Zeit der Heilung und Entspannung stellst du dir vor, wie du aussiehst, wenn du geheilt bist. Visualisiere dich von Kopf bis Fuß im hellen Quantenlicht der Liebe. Verankere dieses Bild fest in deinem Geist. *Das bist du!* So siehst du aus, wenn du geheilt bist und in deiner Kraft! Spüre die Freude, die in dir aufsteigt, und lass sie durch deinen ganzen Körper strömen. Und jetzt verbindest du dich mit diesen Energien der Freude und des Wohlbefindens. Lass dich von ihnen durchströmen und spüre, wie sie dich heilen und kräftigen, bis du dich so fühlst wie das Bild, das du von dir geschaffen hast.

Nun löse ich mich wieder von dir, doch die Energien der Liebe und Heilung bleiben in dir. Vertraue auf dich selbst und dein Bauchgefühl. Höre auf dein Herz, denn es wird dir immer den richtigen Weg weisen. Wenn du bereit bist, diese Energien der Liebe und Heilung an einen anderen Menschen weiterzugeben, frage dich, ob er sie auch annehmen kann. Dann stelle dir diesen Menschen vor und bitte ihn um Erlaubnis, Heilung an ihn zu senden. Wenn dieser Mensch einverstanden ist, hülle ihn mit den Energien der Liebe ein.

Spüre die Verbindung zwischen euch beiden, während die Quantenenergie der Liebe des Universums frei fließt. Beobachte, wie die Energie fließt. Lass sie so lange fließen, wie es sich gut für dich anfühlt. Dann löse die Verbindung und kehre wieder ganz ins Hier und Jetzt zurück. Bewege deine Hände und Füße und spüre nach, wie es dir geht.

*Mai'Medanaa sagt, dass dies eine sehr grundsätzliche Übung ist. Sie dient vor allem dazu, dich oder einen anderen Menschen in einen Zustand tiefer Liebe zu sich selbst zu versetzen, damit diese Energie der Selbstliebe die Selbstheilungskräfte aktiviert. Wenn du dir die einzelnen Stufen einprägen möchtest, um sie jederzeit und überall praktizieren zu können, erhältst du jetzt dafür die Gelegenheit. Es ist wichtig, dass du diese Übung ganz leicht für dich oder andere ausführen kannst.*

## Übung: Quantenheilung für dich selbst

- Erde dich, indem du dir vorstellst, wie Wurzeln aus deinen Füßen bis in die Mitte der Erde wachsen.
- Zentriere dich, indem du deine äußere Aufmerksamkeit auf deine innere Mitte lenkst.
- Stelle dir eine wundervolle Situation in deinem Leben vor, in der du voller Liebe und Glück warst.
- Hole dieses Gefühl ins Jetzt und in dein Herz hinein.

- Verbinde dich mit der vollkommenen Liebe des Universums.
- Lass auch diese Liebe in dein Herz einströmen.
- Verschmilz so sehr mit dieser Liebesenergie, wie es irgend geht.
- Genieße, dass du dich im heilenden Quantenfeld der Liebe befindest.
- Lenke diese Energie an die Stellen deines Körpers, die geheilt werden möchten.
- Bitte deine Seele um Erlaubnis, die Heilung anzunehmen.
- Fühle, wie diese Energie in dir zirkuliert und heilt.
- Kehre nach einer Weile, wenn dein Gefühl es dir sagt, wieder ins Hier und Jetzt zurück.
- Schließe das Quantenheilfeld mit deinem Fokus.

## Übung: Quantenheilung für jemand anderen

- Hole dir die Erlaubnis, dass der andere Mensch von dir Heilung erhalten darf.
- Erde dich und den anderen, indem du dir vorstellst, wie Wurzeln aus deinen und seinen Füßen bis in die Mitte der Erde wachsen.
- Zentriere dich, indem du deine äußere Aufmerksamkeit auf deine innere Mitte lenkst.
- Zentriere den anderen, indem du ihm sagst, dass er sich auf sein Herz konzentrieren soll.
- Sage dem anderen, dass er sich eine wundervolle Situation aus seinem Leben vorstellen soll, in der er voller Liebe und Glück war.
- Verbinde dich mit der vollkommenen Liebe aus dem Universum.

- Nimm die Liebesenergie dieser Situation auf.
- Lass diese Energie in das Herz des anderen fließen.
- Stell dir vor, wie der andere ganz davon erfüllt ist.
- Beobachte, wie diese Energie so umfassend wie möglich mit dem anderen verschmilzt.
- Ihr befindet euch jetzt gemeinsam im Quantenheilfeld der Liebe.
- Lenke die Energie beim anderen an die Stellen des Körpers, die geheilt werden sollen.
- Bitte die Seele des anderen um Erlaubnis, dass sie die Heilung annimmt.
- Fühle, wie die Energie beim anderen zirkuliert und heilt.
- Schließe nach einer Weile das Quantenheilfeld mit deinem Fokus.
- Du siehst, dass die heilende Energie in dem Menschen bleibt, den du behandelt hast.
- Schließe das Quantenheilfeld mit deinem Fokus.
- Kehre nach einer Weile, wenn dein Gefühl es dir sagt, wieder ins Hier und Jetzt zurück.
- Hole dabei auch den anderen ins Hier und Jetzt zurück.
- Schau dich um und beende die Sitzung.

*Mai'Medanaa wünscht dir sehr viel Freude mit diesen beiden Methoden. Sie sagt, dass sie zu den ersten Dingen gehören, die Menschen in Andromeda lernen, sobald sie die Lichtschule besuchen. Sie ist sehr stolz auf dich und freut sich, dass du diese Techniken jetzt beherrschst.*

# 15

# Die Bedeutung von Schwarzen Löchern

Mai'Medanaa sagt, für die Menschen sind Schwarze Löcher ein wichtiger Bestandteil ihres künftigen Lebens. Sie sagt, unsere Wissenschaftler hätten bereits herausgefunden, welche entscheidende Rolle sie in der Entwicklung von Universen und galaktischen Clustern spielen. Und weil ich tiefer in das Thema einsteigen möchte, frage ich sie, welche Bedeutung sie denn für unser Leben haben werden. Sie antwortet, dass Schwarze Löcher eine enorme Anziehungskraft haben, die so stark ist, dass sie effiziente Materiezerstörer sind und sogar Licht einfangen. Wenn etwas in ein Schwarzes Loch fällt, kann es nicht mehr geborgen werden. Es löst sich einfach auf. Aber das ist nur die halbe Wahrheit, denn die Andromedaner wissen, dass es sich auch um energetische Portale handelt.

Für uns Menschen ist das sehr schwer zu verstehen, denn die entsprechenden Forschungen befinden sich noch in den Anfängen. Bisher wissen unsere Wissenschaftler offiziell nur, dass Schwarze Löcher im Zentrum jeder Galaxis zu finden sind. Ihre Anziehungskraft ist für die Entstehung und das Wachstum von

Materie verantwortlich. Wenn ein Schwarzes Loch zum Beispiel eine Sonne verschlingt, entsteht ein sogenannter Jet-Stream aus Materie und Energie, der sich nahezu mit Lichtgeschwindigkeit ausbreitet. Dieser Jet sorgt für einen Nährboden, aus dem neue Sterne und Planeten entstehen.

Das bedeutet, dass sich aus einem Schwarzen Loch eine neue Galaxis und somit auch neues Leben entwickeln.

Wir sollten uns vor Schwarzen Löchern jedenfalls nicht fürchten, sondern sie als eine große Chance für die Zukunft sehen. Wir sollten versuchen, ihre Energie für uns nutzbar zu machen, wie die Andromedaner und viele andere Sternenvölker es tun. Sie verwenden die Energie von Schwarzen Löchern schon lange für ihre Technologie. Als sie begannen, mit Schwarzen Löchern zu arbeiten, war es nicht einfach, und sie hatten anfangs zahlreiche Misserfolge. Doch haben sie aus den Fehlern gelernt und ihre Technologie so weit entwickelt, dass sie jetzt äußerst effektiv ist. So werden etwa ihre Raumschiffe mit der Energie von Schwarzen Löchern betrieben. Dadurch können sie sehr schnell von einem Ort zum anderen gelangen und sogar weit entfernte Galaxien erreichen. Sie nutzen Schwarze Löcher auch, um zwischen Galaxien zu wechseln, zu denen man auf andere Weise keinen Zugang hat.

Wir Menschen können zwar noch lange nicht mit der Technologie der Andromedaner mithalten, aber wenn wir uns bemühen, sagt Mai'Medanaa, werden wir Schwarze Löcher eines Tages ebenfalls für unsere Technologie nutzen können, denn die Andromedaner haben eine ähnliche Entwicklung hinter sich, wie wir sie gerade durchlaufen.

Bis dahin ist es zwar noch ein weiter Weg, aber mit Hilfe der Andromedaner werden wir es schaffen.

Es heißt, die Anziehungskraft eines Schwarzen Loches sei so stark, dass ihm nichts entkommen kann. Doch haben die

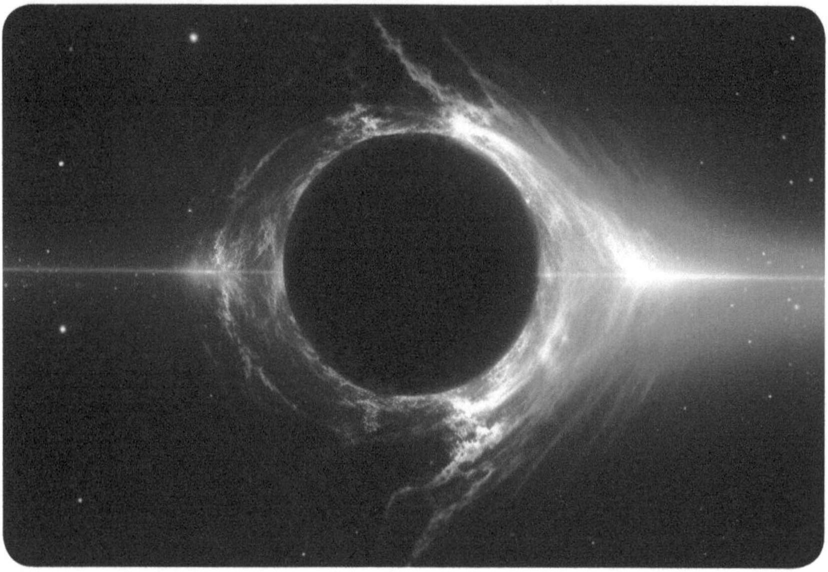

Andromedaner eine spezielle Technik entwickelt, mit der sie am Rand von Schwarzen Löchern Generatoren anbringen können, ohne Gefahr zu laufen, dass diese verschlungen werden. So unglaublich es klingt, aber sie können die Energie eines Schwarzen Lochs auf diese Weise anzapfen. Durch diese unerschöpfliche Energiequelle haben sie ihre Technologie stetig weiterentwickelt. Energieengpässe kennen sie nicht.

Mai'Medanaa sagt, dass uns Menschen der gleiche Weg offensteht. Die Andromedaner freuen sich bereits darauf, ihre Erkenntnisse mit uns Menschen zu teilen.

*Als Mai'Medanaa mir diese Mitteilungen machte, war meine Neugier geweckt. Ich fragte sie, ob sie mir nicht Bilder senden könnte, die mir zeigen, wie die Andromedaner mit Schwarzen Löchern arbeiten. Vielleicht, meinte ich, könnten wir auf diese Weise ja unsere persönliche Entwicklung und damit auch die Entwicklung der Menschheit beschleunigen. Ihre Antwort bestand in der folgenden Botschaft …*

# Energiegewinnung an einem Schwarzen Loch

Lieber Mensch der Erde, ich begrüße dich mit dem Licht des Segens von Andromeda. Wir haben mit Freude festgestellt, dass du dich näher mit den Schwarzen Löchern befassen möchtest und dich für ihre Energie interessierst. Wir werden dir gerne mehr über die Technologie mitteilen, die wir auf dieser Grundlage entwickelt haben.

Sicher wird es dir leichter fallen, viele Zusammenhänge zu verstehen, wenn wir mit Bildern arbeiten, und so bitten wir dich, in einen Raum zu gehen, in dem du ungestört sein kannst. Atme dort das Licht der Liebe ein und gehe mit deiner äußeren Aufmerksamkeit in deine innere Mitte. Lass das Licht der Liebe durch deinen Körper fließen und öffne dein Herz, damit die Frequenzen, die du empfängst, umgewandelt werden können, denn du wirst mit deinem Herzen sehen – mit deinem Herzen und deinem Dritten Auge.

Ich lade dich jetzt auf ein kleines Lichtschiff ein, mit dem wir in die Nähe eines Schwarzen Lochs fliegen werden. Dein nächster Atemzug bringt dich an Bord des Lichtschiffs, unmittelbar auf die Brücke, wo du einen guten Ausblick ins All hast. Du setzt dich in einen der Kontrollsessel und schaust gespannt hinaus. Das Schutzfeld des Lichtschiffs ist aktiviert und bewahrt uns vor der starken Anziehungskraft des Schwarzen Lochs. Obwohl es genau vor dir liegt und du die starke Energie spürst, die es ausstrahlt, halten wir uns in sicherer Entfernung auf, und du kannst alles in Ruhe betrachten.

Vor dir liegt ein Schwarzes Loch. An seinem Rand befindet sich einer unserer Generatoren, genau an der Stelle, wo er sicher vor der Anziehungskraft ist, aber nah genug, um seine Energie anzuzapfen. Der Generator blinkt in regelmäßigen Abständen und zeigt an, dass die Energie des Schwarzen Lochs erfolgreich auf ihn übertragen wird.

Die Energie, die aus dem Schwarzen Loch kommt, siehst du als hellen Strahl. Sie fließt in den Generator hinein, der diese Energie weiterleitet und in andere Energieformen umwandelt, die wir für verschiedene technische Zwecke verwenden. Wir nutzen die Energie des Schwarzen Lochs für alles Mögliche in unserer Galaxis. Durch diese unerschöpfliche Energiequelle kann unsere Technologie beständig weiterentwickelt werden.

Jetzt möchte ich dich bitten, dich auf dein Herz zu konzentrieren und dir weitere Bilder senden zu lassen. Lege dein gewohntes Denken ab und sei offen für alles, was als Eindruck oder Vision zu dir kommen möchte. Sei bereit für Bilder, die du mit deinem menschlichen Verstand nicht begreifen kannst. Das können Informationen sein, die für dich und unsere Zusammenarbeit sehr wichtig sind, aber auch Informationen für dein zukünftiges Leben auf der Erde. Vielleicht erhältst du Inspirationen für eine neue Art der Energiegewinnung, die genau in die Zeit deiner aktuellen Inkarnation passt.

Nach einer Weile wirst du den Impuls verspüren, dich auf dem Sessel in unserem Lichtschiff wiederzufinden. Dann bringen wir dich zurück. Du wirst die Sterne deiner Milchstraße aufleuchten sehen und dich freuen, wieder nach Hause zu gelangen. Mit einem tiefen Atemzug bewegst du dich in dein Hier und Jetzt und kommst in deinem Raum in deiner Ausgangsstellung an. Nimm dir Zeit, dich an alles zu erinnern, was du gesehen und empfangen hast, und schreibe es gleich auf. Sei dir bewusst, dass du Bilder in deinem Bewusstsein gespeichert hast, die wichtige Informationen enthalten.

Ich danke dir für dein Interesse und freue mich auf alles, was wir weiterhin zusammen machen werden. In Liebe und mit dem Segen des Lichts, deine Mai'Medanaa.

*Bei meinen Gesprächen mit der Kosmischen Schwester von Andromeda erfuhr ich nicht nur, wie dieses Sternenvolk seine Energie aus Schwarzen Löchern gewinnt, sondern auch, wie die Quantenmechanik den Andromedanern geholfen hat, ihre Galaxis zu erobern. Um mir das Verständnis für die energetischen Hintergründe zu erleichtern, wies sie mich dazu auf Forschungen eines russischen Astronomen namens Nikolai Kardaschow hin, der Kategorien entwickelt hat, wie man intelligentes Leben auf der Basis seiner Energienutzung einordnen kann. Mai'Medanaa sagt, dass er damit völlig richtig liegt.*

## Quantenmechanik und die Entwicklungsstufe einer Zivilisation

Die Quantenmechanik beschäftigt sich mit dem Verhalten von Materie und Energie auf atomarer und subatomarer Ebene, also der elementaren Bausteine, auch Teilchen genannt. Sie betrachtet deren Wechselwirkung und gilt als eines der komplexesten und anspruchsvollsten Gebiete der Physik. Von einer Verschränkung der Teilchen ist die Rede, wenn ein physikalisches System einen genau definierten Zustand einnimmt, dem seine Teilsysteme aber nicht folgen. So können zwei Teilchen miteinander verschränkt und verbunden sein, also miteinander kommunizieren, unabhängig von der Entfernung zwischen ihnen. Das geschieht, wenn sie denselben Quantenzustand teilen.

Die Andromedaner nutzen schon lange die Kraft der Quantenmechanik für sich, indem sie beispielsweise alle Sterne in ihrer Galaxis miteinander verbinden. Egal, wie weit sie voneinander entfernt sind, können sie ohne Zeitverlust miteinander kommunizieren. So koordinieren sie ihre Anstrengungen und erforschen ihre Galaxis immer weiter.

Wir Menschen fangen gerade erst an, die Macht der Quantenmechanik zu verstehen, und sind noch weit davon entfernt, ihr volles Potenzial auch nur zu erahnen. Aber viele Lichtarbeiter arbeiten bereits mit diesem Prinzip, um Heilenergien zu übertragen oder Botschaften zu empfangen. Mit Sicherheit werden die Menschen immer mehr Fortschritte machen und eines Tages ebenso wie die Andromedaner und andere Sternenwesen mit Hilfe der Quantenmechanik ein unendliches Energiepotenzial nutzen können, durch das wir ebenfalls gewaltige Schritte bei der Erforschung unserer Galaxis machen.

Ein irdischer Wissenschaftler namens Nikolai Kardaschow hat Überlegungen dazu angestellt, wie entwickelt eine Zivilisation sein muss, um auf eine bestimmte Weise Energie gewinnen zu können. In der nach ihm benannten 3-Stufen-Skala zeichnet sich eine Zivilisation der Stufe 1 dadurch aus, dass sie bereits die gesamte natürlich vorhandene Energie ihres Planeten nutzt, von der Erd- oder Planetenwärme über die Gezeiten bis hin zur Kraft des Windes und aller anderen natürlich auf einem Himmelskörper vorkommenden Energien.

Auf dieser ersten Stufe befindet sich die Menschheit gerade.

Eine Zivilisation der Stufe 2 ist in der Lage, die Gesamtleistung ihres Zentralsterns, bei uns die Sonne, zu nutzen. Dabei ist nicht die Nutzung des einfallenden Sonnenlichts durch eine Solaranlage gemeint, wie wir es bereits kennen, sondern die Nutzung der eigentlichen Energie der Sonne, also die Fusionsenergie. Bei der aktuellen Geschwindigkeit unseres technischen Fortschritts würde dies laut unserer Wissenschaftler noch ein- bis zweitausend Jahre dauern.

Stufe 3 trifft auf galaktische Zivilisationen zu, die in der Lage sind, die gesamte Energie ihrer Galaxis zu nutzen. Einer solchen Zivilisation ist das Anzapfen von Sternen sowie die Nutzung der Gravitationskräfte des Schwarzen Lochs im Zentrum ihrer

Galaxis gelungen. Sternenwesen, die eine solche Entwicklungsstufe erreicht haben, verfügen über ganz außergewöhnliche Möglichkeiten in ihrer Wissenschaft und ihrem Sein.

Nach dieser Einteilung würden die Andromedaner in die Stufe 3 gehören. Aber wie wir Menschen haben auch sie einmal mit der Stufe 1 begonnen. Durch Bewusstseinserweiterung und spirituelles Wachstum konnten sie sich zur Stufe 3 entwickeln, während wir Menschen von der Erde gerade dabei sind, die Stufe 2 der Energiegewinnung zu verstehen.

*Das Thema der Energiegewinnung durch Schwarze Löcher ließ mich nicht mehr los, und so nahm ich mit ERAON Kontakt auf, dem Kommandanten der Friedensflotte. Mich faszinierte die Vorstellung, dass spirituelles Wachstum eine Zivilisation zu technologischen Höchstleistungen führen kann – und ich staunte nicht schlecht, als ERAON mir zum besseren Verständnis erklärte, dass es sich bei der technologischen Nutzung von Schwarzen Löchern im Grunde um eine höherdimensionale Form der energetischen Kommunikation handelt …*

## Höherdimensionale energetische Strukturen

ERAON sagt, dass der Begriff des Generators, der für die Energiegewinnung am Rand eines Schwarzen Lochs eingesetzt wird, eigentlich irreführend ist. Ein solcher »Generator« ermöglicht es den Andromedanern, unendliche Mengen an Energie aus dem Quantenraum zu ziehen. Aber eigentlich ist dieser »Generator« mit dem menschlichen Verstand nicht zu begreifen und hat im Grunde wenig mit dem zu tun, was wir unter einem Generator – einem Stromerzeuger – verstehen. Die Andromedaner haben dieses Wort eigentlich nur gewählt, weil wir Menschen uns darunter am ehesten etwas vorstellen können. Es handelt sich um eine energetische Struktur, die von Lichttechnikern am Rand von Schwarzen Löchern eingerichtet wird.

Nur um das Prinzip zu veranschaulichen, ist von einem Generator die Rede, den wir Menschen uns unwillkürlich in 3D vorstellen. In Wahrheit handelt es sich um eine höherdimensionale Struktur, eine formbare Energie, die am Ereignishorizont des Schwarzen Lochs steht und den Jet-Stream nutzt. Der konstante Plasmastrom wird vom »Generator« angezapft, gespeichert und je nach Bedarf an Energieumwandler auf den Andromeda-Welten weitergeleitet. So wird die unbegrenzte Kapazität des Schwarzen Lochs genutzt.

Jetzt schmunzelt ERAON und nickt lächelnd, während ich dies schreibe. Mir dämmert, dass er auf diesen Zusammenhang hinauswollte: Die komplette Kommunikation zwischen einem Generator und den Andromedanern erfolgt über die Quantenverschränkung, die Weiterleitung nicht örtlich gebundener Teilchen über unvorstellbare Entfernungen ohne jeden Zeitverlust. Und auf diese Weise kommunizieren die Andromedaner auch untereinander und mit uns.

Die Lichtgeschwindigkeit wäre viel zu langsam, einzig durch diese Quantenverschränkung ist es möglich, zeitlos zwischen zwei Galaxien zu kommunizieren!

Die Andromedaner haben sich bereit erklärt, den Technikern, Wissenschaftlern und Visionären der Erde die Technologie zu dieser Art der Energiegewinnung zu erklären.

Sie sagen, dass es gut ist, wenn manche Menschen diese Informationen schon in ihrem Geist gespeichert haben, selbst wenn wir aktuell noch keine Möglichkeit hätten, damit zu wirken. Aber wir können uns bereits darin üben, indem wir die Quantenverschränkung unserer Bewusstseine nutzen.

## Sie nennen es das Kosmische Gedankenfeld

Jetzt wird vielen von euch vielleicht ein Licht aufgehen, denn die Andromeda-Galaxis ist rund 2,5 Millionen Lichtjahre entfernt. Eine Kommunikation auf herkömmlichem Weg, die den Gesetzen der Lichtgeschwindigkeit folgt, ist auf Grund der großen Entfernung vollkommen ausgeschlossen. Aber der Quantenraum lässt eine solche Kommunikation zu, und das sogar zeitlos. Deswegen können wir uns jederzeit mit geistigen Führern und astralen Sternenwesen in Verbindung setzen, wo auch immer sie sich gerade aufhalten. Der Quantenraum macht es möglich, den die Andromedaner allerdings anders nennen.

Sie bezeichnen ihn als das »Kosmische Gedankenfeld«.

Die Andromedaner sagen, ein Gedanke genügt, und du befindest dich ohne Zeitverlust sofort am gewünschten Ort und in jeder Dimension deiner Wahl. Egal, wo du dich hindenkst, du bist im selben Moment dort. Sie nutzen dazu das Feld, durch das auch das All-Eine mit allen Wesen sämtlicher Galaxien und Dimensionen jederzeit in Kontakt steht. Dieses hochenergetische Feld ermöglicht die Kommunikation im gesamten Multiversum. Es durchdringt alles und erreicht jegliche Orte ohne Zeitverlust. Deswegen haben Menschen oft gleichzeitig und an ganz unterschiedlichen Stellen unseres Planeten ein und dieselbe Eingebung. Sie fühlen oder hören zum Beispiel beim Channeln das Wissen, das gerade in das Quantenfeld eingespeist wird, und können es in ihre Wahrnehmung ziehen.

Die Andromedaner wissen von der Existenz dieses Feldes und davon, wie sie es für ihre Zwecke nutzen können. Für uns Menschen ist dies jedoch nach wie vor Neuland.

Den Andromedanern ist es gelungen, über dieses Kosmische Gedankenfeld, das wir auch Akasha oder Nullpunktfeld nennen, mit uns zu kommunizieren, und sie haben bereits viel Wissen weitergegeben. Mit manchen Menschen sind sie und andere Sternenwesen eng verbunden und schulen sie als Medien. Diese Menschen sind meistens Sternensaaten und wurden bereits als Seelen, bevor sie auf der Erde inkarnierten, auf ihre Aufgabe vorbereitet. Über das »Kosmische Gedankenfeld« wird Wissen an diese Sternensaaten weitergegeben, damit sie es mit anderen Menschen teilen können, wenn die Zeit reif ist.

## Welche Entwicklungen die Andromedaner unterstützen

Die Bedeutung der Schwarzen Löcher für die Andromeda-Galaxis und ihre Bewohner ist enorm. Sie dienen ihnen nicht nur als Energiequelle, sondern halten diese Galaxis auch im Gleichgewicht. Die Andromedaner sagen, dass unsere Galaxis, die Milchstraße, ebenfalls von Schwarzen Löchern zusammengehalten wird. Würden diese verschwinden, würden die einzelnen Galaxien im Weltraum einfach auseinanderfliegen.

Manche Andromedaner sind durch die Schwarzen Löcher in ihre Galaxis gekommen. Sie sagen, dass die Schwarzen Löcher eigentlich Tore zu anderen Galaxien sind, Portale. Sie sagen außerdem, dass es eine unendliche Anzahl von Galaxien im Universum gibt, von denen jede eine bestimmte Funktion hat. Die Andromedaner sagen, dass auch wir Menschen in der Lage sein werden, durch Schwarze Löcher zu reisen, sobald wir uns geistig genug entwickelt haben.

Sie sagen, dass dies Teil unseres Schicksals ist und wir in ein paar tausend Jahren unsere Aufgabe erfüllen können. Sie sagen aber ebenso, dass es schneller gehen könnte. Alles hängt davon ab, wie es jetzt auf der Erde weitergeht. Sie sagen, dass es dabei sehr auf unseren eigenen freien Willen ankommt und dass wir Menschen die Macht haben, unsere Entwicklung selbst zu beschleunigen oder zu verlangsamen.

Auch die Entwicklung unserer Sonne unterstützen die Andromedaner. Sie sagen, dass unsere Sonne etwas ganz Besonderes ist und dass sie einen großen Einfluss auf das gesamte Universum hat. Sie sagen, dass die Energie unserer Sonne sehr mächtig ist und dass sie helfen kann, andere Galaxien zu heilen. Die Andromedaner sagen auch, dass unsere Sonne wie eine große Batterie ist und eine enorme Menge Energie speichert. Sie sagen, dass diese Energie genutzt werden kann, um anderen Galaxien zu helfen, und dass wir Menschen diese Energie nutzen können, um uns selbst weiterzuentwickeln.

Sie sagen, wir sollen die Sonnenwesen kontaktieren, um weitere Instruktionen und Botschaften zu erhalten.

Die Andromedaner unterstützen auch gerne die Entwicklung unseres Planeten Erde. Sie sagen, dass unser Planet ein einzigartiges Juwel ist, dass wir Menschen diesen kostbaren Planeten bewahren müssen und die Verantwortung dafür haben, uns um ihn zu kümmern. Sie sagen, dass unser Planet wie ein großes Raumschiff ist und dass wir die Besatzung sind. Sie sagen, dass wir dieses Schiff durch alle Untiefen steuern müssen und unbedingt dafür sorgen sollten, dass es nicht zerschellt. Sie sagen, dass wir der Schlüssel für die Zukunft des Universums sind und dass wir diese Verantwortung nicht auf die leichte Schulter nehmen sollten. Sie sagen, dass wir immer versuchen sollten, im besten Interesse des Universums zu handeln und nicht nur in unserem eigenen. Das ist ein Gesichtspunkt, der sehr viel Potenzial hat, denn solange die meisten Menschen im Ego sind, liegt noch enorm viel Arbeit vor uns.

Außerdem unterstützen die Andromedaner sehr die Entwicklung unserer DNA. Sie sagen, dass unsere DNA wirklich einzigartig ist, dass wir sie bewahren sollten und auch für sie eine große Verantwortung tragen. Sie sagen, dass in unserer DNA all unser Wissen gespeichert ist und wir uns mit einer regenerierten DNA spirituell sehr weit entwickeln werden. Sie sagen, dass unsere DNA wie eine große Bibliothek ist, durch die wir auf das gesamte Wissen des Universums zugreifen können. Aber sie sagen auch, dass man damit nicht leichtfertig umgehen darf und wir dieses Wissen nur zum Guten verwenden sollten.

Die Andromedaner unterstützen nicht zuletzt die Entwicklung unseres Bewusstseins. Sie sagen, dass unser Bewusstsein vor negativen Einflüssen geschützt werden muss und darin noch jede Menge Potenzial ruht. Unser Bewusstsein ist etwas wahrhaft Göttliches, und wir Menschen sind die Hüter dieses Bewusstseins, sagen sie – und dass wir auf unsere vier Bewusstseinsebenen achten sollten, auf das mentale Bewusstsein, das emotionale Bewusstsein, das Seelenbewusstsein und das spirituelle Bewusstsein.

Das mentale Bewusstsein, sagen die Andromedaner, ist die Bewusstseinsebene, auf der wir uns unserer Gedanken bewusst sind. Also, alles, was wir denken, wird wahr!

Das emotionale Bewusstsein, sagen sie, ist die Bewusstseinsebene, auf der wir uns unserer Gefühle und Emotionen bewusst sind. Auf dieser Ebene erschaffen wir uns schöne oder schlechte Gefühle, denn so, wie wir unsere Gefühle bewerten, werden wir uns auch fühlen.

Die dritte Bewusstseinsebene ist das Seelenbewusstsein. Auf ihr sind wir uns unserer Seele bewusst. Unser Seelenbewusstsein können wir am intensivsten in der Verbindung zu unserem Höheren Selbst fühlen. Ich werde gleich eine Übung vorschlagen, die uns das erleichtert.

Das spirituelle Bewusstsein ist die Bewusstseinsebene, auf der wir uns unserer Spiritualität bewusst sind. Die eigene Spiritualität können wir am besten wahrnehmen, wenn wir in Kontakt mit unseren geistigen Führern oder mit Allem-was-ist sind.

*Nach dieser Fülle von Informationen hielt ich es für das Beste, mich wieder zu erden. Ich hatte den Eindruck, so übervoll zu sein, dass ich meine Seele nach dem weiteren Vorgehen befragen wollte. Die Andromedaner schienen dies vorausgesehen zu haben, da sie mir die entsprechende Übung bereits angekündigt hatten. Ich ließ mich ganz darauf ein …*

## Eine Übung zur Anbindung an das Höhere Selbst

- Nimm eine bequeme Körperhaltung ein. Dann atme einige Male tief durch und entspanne mit jedem Atemzug deinen ganzen Körper ein wenig mehr.
- Stelle dir danach ein weißes Licht vor.
- Dieses Licht ist das Licht deines Höheren Selbst.
- Stell dir nun vor, dass dieses Licht durch dein Kronenchakra herabfließt und deinen ganzen Körper mit Licht erfüllt.
- Spüre, wie dieses Licht bis in dein Herz fließt und dich mit allem verbindet.
- Spüre, wie sich die Energie um deinen Kopf herum ändert.
- Es ist, als fühlte sich dein Kopf wie in Watte gepackt an.
- Jetzt stell dir vor, dass du selbst dieses Licht *bist*.
- Du *bist* das Licht deines Höheren Selbst.
- Erlaube dir, eins mit diesem Licht zu sein.
- In diesem Zustand bist du eng mit deinem Höheren Selbst verbunden, und jede Entscheidung, die du nun triffst, trägt die Energie deiner Seele.

*Ich überlegte, was ich gerade alles erfahren hatte, und mir fiel ein, dass unsere Sonne in einer Stunde mehr Energie liefert, als die ganze Welt in einem Jahr verbraucht. Das bedeutet, dass wir durch die Sonne eine riesige Energiequelle direkt vor unserer Haustür haben, die wir bisher so gut wie gar nicht nutzen. Daraufhin fragte ich die Andromedaner gleich, ob sie einen Vorschlag hätten, wie wir die freie Energie der Sonne jetzt schon nutzen könnten, ohne über die Technologie der »Generatoren« zu verfügen, jener hochenergetischen Strukturen. Wie wir erfahren haben, sind die Andromedaner, was die Gewinnung von Energie angeht, ja sehr innovativ.*

*Sofort meldete Mai'Medanaa sich bei mir und teilte mir eine Methode der Energiegewinnung mit, die jeder Mensch mit ein wenig Anleitung durchführen kann. Sie sagt, dass diese Methode die beste Art der Energiegewinnung ist, da sie unsere Umwelt schont. Eine ähnliche Methode praktizieren sie schon lange in Andromeda.*

*Im Folgenden gebe ich die Botschaft der Kosmischen Schwester an dich weiter …*

## Öffnung deines Sonnenkanals I

Geliebter Mensch der Erde, voller Liebe sende ich dir den Segen des Lichts von Andromeda. Es ist mir eine Ehre, heute mit dir wirken zu dürfen. Ich werde dich jetzt durch den Prozess der Öffnung deines Sonnenkanals begleiten. Folge meinen Anweisungen sorgfältig und mit offenem Herzen.

Als Erstes solltest du dir einen ruhigen Ort suchen, an dem du bequem sitzen oder liegen kannst. Atme ein paar Mal tief ein und aus. Entspanne deinen ganzen Körper und lass alle Gedanken los. Dann richte deine Aufmerksamkeit auf den Bereich um dein Herz. Visualisiere in dem Bereich eine Lichtkugel. Atme tief ein und aus und spüre, wie die Lichtkugel mit jedem Atemzug größer und heller wird. Genieße den Prozess.

Wenn du bereit bist, lege deinen Fokus auf die Sonne. Stell dir vor, dass ein Lichtstrahl von der Sonne hinunterkommt und sich mit der Lichtkugel deines Herzens verbindet. Dabei wird die Lichtkugel mit jedem Atemzug größer und heller.

Sieh nun, wie sich die Lichtkugel ausdehnt, bis sie deinen ganzen Körper umhüllt. Atme langsam und tief und spüre, wie die Energie der Sonne durch diese Lichtkugel in deinen Körper fließt. Sie erfüllt bald dein ganzes Wesen mit wunderbarer Energie. Dann konzentriere dich auf deinen Kopf und spüre, wie deine Seele deinen Sonnenkanal öffnet. Alles geschieht so, wie es richtig und gut für dich ist, und zu deinem höchsten Wohl. Du öffnest dich für die Sonne.

Du spürst, wie dein Sonnenkanal gereinigt und ausgedehnt wird, und du vertraust dem Prozess. Ein einzigartiges Gefühl, ein Gefühl von Wärme und Entspannung, breitet sich in deinem ganzen Körper aus. Du spürst, wie die Energie der Sonne durch deinen Sonnenkanal bis in dein Herz hinein fließt. Von dort aus fließt sie durch deinen ganzen Körper und reinigt, heilt und energetisiert jede Zelle.

Spüre, wie gut dir diese Energie tut.

Lass die Energie nun aus deinem Sonnenkanal zurück zur Sonne fließen. Beobachte, wie sie in einem Kreislauf des Lichts durch dich fließt, und lass einfach von allem Weltlichen ab. Entspanne dich und genieße das Gefühl von Schwerelosigkeit, als die Energie der Sonne durch deinen Sonnenkanal und deinen ganzen Körper fließt. Genieße die Verbundenheit und die Einheit mit Allem-was-ist. Du bist ein wichtiger Teil dieser Einheit. Wisse, dass du so lange oder so kurz in diesem Zustand bleiben kannst, wie du gerne möchtest.

Dann nach einer Weile, wenn du bereit bist, kehre langsam in deine Dimension zurück. Atme ein paar Mal tief ein und aus und spüre neue Kraft und Zuversicht in dir. Schließe mit deiner Absicht den Sonnenkanal und wisse, dass du ihn jederzeit wieder öffnen kannst, um verbunden zu sein.

Das war der erste Schritt, die wichtige Vorbereitung, die dich befähigt, deinen Sonnenkanal jederzeit zu öffnen und dich zu verbinden. Du hast alles sehr gut gemacht, und ich bin stolz auf dich. Geh jetzt in Frieden und Liebe und genieße den Segen des Lichts von Andromeda, den ich dir sende.

*Als Mai'Medanaa diese Übung mit mir machte, fühlte ich mich so gut, dass ich beschloss, sie am nächsten Tag zu wiederholen. Diesmal machte ich sie aber ganz ohne ihre Hilfe. Und es funktionierte! Ich spürte, wie die Energie der Sonne durch meinen Sonnenkanal floss, und es war genauso wunderbar, wie sie gesagt hatte. Von da an konnte ich es tun, wann immer ich wollte, und diese Übung wurde ein Teil meiner täglichen Routine.*

*Mai'Medanaa hatte damit geendet, dass es einen zweiten Schritt gibt. Wenn wir ihn beherrschten, ließ sie mich wissen, wäre das Resultat so verblüffend, dass viele Menschen es anzweifeln würden. Wir könnten dann Energie von der Sonne speichern. Um das zu üben, sollten wir uns mit Gleichgesinnten treffen und beginnen, leere Batterien aufzuladen. Wir sollten auch Messungen vor und nach der Energieübertragung durchführen, und die Dokumentation durch einen neutralen Beobachter wäre ratsam, damit die Ergebnisse nicht angezweifelt werden können. Wir sollten Tabellen erstellen, mit Zeitangaben und der Anzahl der Menschen, die Energie von der Sonne übertrugen. Außerdem, sagte sie, dürften wir sie immer als Unterstützung herbeirufen, sie würde das Energiefeld halten.*

*Diesmal war es allerdings ERAON, der Kommandant der Friedensflotte, der in einer Botschaft den genauen Ablauf des zweiten Schrittes an mich weitergab …*

## Öffnung deines Sonnenkanals II

Geliebtes Mitglied der Menschheitsfamilie!

Ich bin ERAON, der Kommandant der Galaktischen Friedensflotte von Andromeda, und ich begrüße dich voller Freude mit dem Segen des Lichts. Wir, die Andromedaner, sind Pioniere in Bereich der kosmischen Energiegewinnung und haben sehr viel Erfahrung auf diesem Gebiet, die wir den Menschen auf der Erde gerne zur Verfügung stellen.

Für den Anfang bitte ich dich nun, die Aufmerksamkeit auf deinen Sonnenkanal zu legen und ihn bewusst mit tiefer Absicht zu öffnen. Stell dir dabei die Sonne vor, wie sie an einem Sommertag hell am Himmel über deinem Haus erstrahlt. Genieße die Wärme und Geborgenheit über dir und lass die Sonnenenergie durch deinen Kanal fließen.

Das Licht der Sonne strahlt seine Energie in dich hinein. Während du dich auf dieses Licht konzentrierst, spürst du die Wärme auf deiner Haut und die Energie in deinem Körper. Stell dir vor, dass du eine Pflanze bist und die Sonne auf dich herabscheint und dir Lebensenergie verleiht. Die Sonnenenergie fließt durch deinen Stamm in deine Blätter. Deine Blätter sind mit Sonnenlicht gefüllt, und du spürst die Energie der Sonne in jeder Zelle deines Körpers.

Nimm nun eine Batterie in deine Hände. Sieh zu, wie die Energie der Sonne von deinem Sonnenkanal in die Batterie fließt. Lass diese Energie fließen und überlasse es deinem Bauchgefühl, wie lange sie fließen soll. Die Sonnenenergie wird deine

Batterie aufladen, und nach einer Weile, wenn dir danach ist, trenne die Verbindung und bedanke dich bei der Sonnenkraft mit einem Lächeln der Achtsamkeit und Liebe.

ERAON verabschiedet sich von dir mit dem Segen des Lichts von Andromeda.

*Ich war sehr erstaunt über das Ergebnis. ERAON sagt, dass es manchmal etwas länger dauern kann, bis sich Erfolg einstellt, aber bei einigen geht es sehr schnell. Wir sollten nur nicht aufgeben, sondern fleißig üben und auf unsere Fähigkeiten vertrauen.*

*Er sagt, für Fortgeschrittene gibt es eine weitere Übung mit erheblich größerem Energievolumen. Diese Übung könne man auch für das Einspeisen von Elektrizität in die Hausleitungen verwenden. Er hebt hervor, dass es vorteilhaft ist, wenn bei dieser Methode mehrere Menschen zusammenwirken. Ich gebe seine Botschaft hier wieder …*

## Eine Gruppenübung für Fortgeschrittene zur Energiegewinnung

Geliebte Mitglieder der Menschheitsfamilie!

Ich bin ERAON, der Kommandant der Friedensflotte von Andromeda, und ich möchte euch eine weitere Methode zur Energiegewinnung übermitteln, bei der ihr am besten zu zweit, zu dritt oder mit noch mehr Lichtarbeitern zusammenwirkt. Wieder beginnen wir damit, dass ihr die Aufmerksamkeit auf euren Sonnenkanal richtet und ihn bewusst und mit tiefer Absicht öffnet. Während ihr das tut, jeder Einzelne von euch, atmet das Licht der Sonne durch euer Kronenchakra bis in den Solarplexus hinein, euer Sonnengeflecht.

Jetzt stellt sich jeder von euch vor, dass er eine Pflanze oder ein Baum ist. Die Sonne scheint auf dich herab und verleiht dir Lebensenergie, die durch deinen Stamm in deine Blätter fließt. Jedes einzelne Blatt ist von Sonnenlicht erfüllt und durchdrungen, und du spürst deutlich die wohltuende Energie der Sonne in jeder Zelle deines Körpers.

Nun lass über deinem Haus eine Lichtsäule entstehen. Manifestiere mit deinen Gedanken diese große helle Lichtsäule, die mitten in deinem Haus steht. Wenn ihr mehrere Lichtarbeiter seid, verteilt euch um die Lichtsäule herum. Stellt euch vor, wie die Lichtsäule ganz unten den Boden berührt und nach oben, zur Sonne hin, weit geöffnet ist.

Und dann macht gemeinsam die folgenden Schritte …

Geht mit eurer Absicht ins Herz der Sonne, das ihr deutlich über euch spürt, und verbindet euch mit ihr. Spürt, wie die lebendigen Energien sich zu formen beginnen. Bittet die Sonne um Energie für das Haus und wartet ab, bis euch etwas intuitiv sagt, dass die Sonnenenergie bereit ist.

Holt dann mit eurer Absicht die Sonnenenergie zu euch und beobachtet, wie sich ein Strahl aus der Mitte eures Herzens löst. Leitet diesen Strahl in die Lichtsäule, die durch das Haus führt, und beobachtet, wie die Energie zu fließen beginnt.

Seht das Licht der Sonne direkt über dem Haus, wie es einem Wasserfall gleich in die Lichtsäule fließt. Die Sonnenenergie fließt durch das Dach geradewegs ins Haus. Lenkt sie zu den Stromleitungen und verteilt sie überall im Haus. Lasst euch dafür gerne eine halbe Stunde oder noch länger Zeit. Falls ihr eine große Batterie habt, lasst die Energie auch dort hineinfließen, und wenn ihr fertig seid, schaltet das Licht ein und testet, wie lange es brennt. So könnt ihr feststellen, wie lange ihr die Energie durch die Lichtsäule fließen lassen müsst, um ein für euch nützliches Ergebnis zu erzielen.

Bedankt euch bei der Sonne für die Energie, die sie euch geschenkt hat, und schließt die Lichtsäule wieder. Ihr könnt diese Übung täglich machen oder immer dann, wenn ihr das Bedürfnis nach mehr Sonnenenergie im Haus verspürt.

# 16

# Wie die Neue Welt aussehen könnte

Die Neue Welt ist für viele Menschen noch ein unbekannter Ort. Wie sieht sie aus? Wie leben die Menschen darin? Welche Berufe haben sie? Gibt es ein Zahlungssystem oder neues Geld? Ich denke, dass du dir darüber schon öfter Gedanken gemacht hast. Aus diesem Grund habe ich Mai'Medanaa gefragt, ob sie uns ein Bild geben könnte, wie die Neue Welt aussehen wird. Sie sagt, dass sie das Gefühl der Ungewissheit kennt, denn auch sie und ihr Volk sind einst durch diesen Prozess gegangen. Sie wird uns helfen, die Dinge zu erkennen, die für die Neue Welt oder die Neue Erde oder die fünfte Dimension wichtig sind. Diese drei Begriffe, sagt sie, gehören im Grunde zusammen und bedeuten das gleiche. Deshalb wollen wir uns hier auf die Formulierung Neue Welt einigen.

Mai'Medanaa sagt, dass die Neue Welt ein Ort ist, eine Bewusstseinshaltung, in der alles möglich ist. Der Himmel ist dort blau, und es scheint immer die Sonne. In dieser Welt leben die Menschen in Harmonie mit der Natur und allen Lebewesen. Sie haben das Bedürfnis nach monetärem Reichtum überwunden und bewegen sich in einem Zustand der Fülle. Jeder hat einen Beruf, dem er leidenschaftlich nachgeht, und das Leben wird mit dem Streben nach Glück verbracht. In der Neuen Welt gibt es weder Krankheit noch Leid.

Mai'Medanaa sagt auch, dass in der Neuen Welt alle Menschen über ihr Herz verbunden sind. Sie können wortlos kommunizieren und kennen die Gedanken und Gefühle des jeweils anderen. Es gibt keine Notwendigkeit mehr für Sprache, wie wir sie bisher nutzen, weil die Menschen einander durch Telepathie perfekt verstehen. Sie können kraft ihrer Gedanken an die unterschiedlichsten Orte reisen und auch andere Planeten besuchen. Es gibt einen großen Sinn für Gemeinschaft und erfüllende Zusammenarbeit.

Die Neue Welt ist ein Ort der Liebe, des Lichts und des Friedens. Es ist ein Ort, an dem wir alle wir selbst sein und glücklich sein können.

## Antworten auf deine Fragen

### Wie können wir den Übergang in die Neue Welt schaffen?

Mai'Medanaa sagt, dass es nicht möglich ist, eine einzige Antwort auf diese Frage zu geben, denn jeder hat seinen eigenen Weg. Es gibt viele Möglichkeiten, in die Neue Welt zu gelangen, und jeder muss seinen Zugang selbst finden. Aber sie sagt, dass es einige Dinge gibt, die für alle wichtig sind. Das erste ist, dass wir unsere Denkweise ändern. Es ist nötig, unsere alten Glaubenssysteme loszulassen und unseren Geist für die neuen Möglichkeiten zu öffnen. Zweitens gilt es, unsere Einstellung zu ändern und anzufangen, aus dem Herzen zu leben. Wenn wir aus dem Herzen heraus leben, erzeugen wir automatisch mehr

Liebe, Licht und Frieden in der Welt. Und drittens sollten wir aktiv werden und die Veränderungen, die wir in der Welt sehen wollen, selbst erschaffen.

### Was können wir tun, um den Übergang zu erleichtern?

Mai'Medanaa sagt, dass unser größter Beitrag darin bestehen kann, unser Leben so zu leben, dass es anderen als Beispiel dient. Wenn wir beginnen, wieder im Einklang mit der Natur zu leben, wenn wir freundlich und liebevoll zu den Menschen, Tieren und Pflanzen sind, uns verbunden fühlen mit Mutter Erde, wenn wir unseren Herzenswünschen folgen, dann zeigen wir anderen, wie lebenswert unser aller Leben ist. Und wir sollten anderen helfen, indem wir unser Wissen mit ihnen teilen und sie auf ihrem Weg unterstützen.

Die Neue Welt erwartet uns, wenn wir bereit sind, den Übergang zu schaffen.

### Wie können wir die Neue Welt manifestieren?

Mai'Medanaa sagt, dass wir sie durch unsere Gedanken, Gefühle und Handlungen manifestieren. Alles beginnt mit einem Gedanken. Wenn wir einen Gedanken über die Neue Welt haben, erzeugen wir ein entsprechendes Gefühl. Und wenn wir aus diesem Gefühl heraus handeln, schaffen wir Veränderungen in der Welt um uns herum. Je mehr Menschen an die Neue Welt denken, desto schneller wird sie Wirklichkeit werden.

Lasst uns also anfangen, über die Neue Welt nachzudenken, und lasst uns alle unseren Teil dazu beitragen, sie zu erschaffen. Ihr seid diejenigen, auf die ihr gewartet habt. Ihr seid die Veränderung, die ihr euch so sehr wünscht.

Lasst sie uns verwirklichen!

**Wenn viele Menschen sich die Neue Welt auf ganz unterschiedliche Weise vorstellen, welche Manifestation wird sich dann durchsetzen?**

Mai'Medanaa sagt, es wird sich immer die Manifestation durchsetzen, die am kraftvollsten ist. Wenn sehr viele Menschen sich Frieden und Fülle für die Neue Welt wünschen und nur noch wenige Wesen Krieg und Knappheit, dann werden sich Frieden und Fülle durchsetzen. Da der Gedankenstrom von Frieden und Fülle die meiste Kraft hat und am größten ist, wird er sich in der Neuen Welt verwirklichen.

Alles beginnt mit einem Gedanken. Fangen wir also alle an, über die Neue Welt nachzudenken, die wir erschaffen wollen. Fokussieren wir uns auf Liebe, Licht und Frieden. Und lasst uns aktiv werden, um sie zu erschaffen!

**Woher wissen wir, dass sich in der Neuen Welt auch wirklich Liebe und Licht manifestieren und nicht doch eher Macht und Kontrolle?**

Mai'Medanaa sagt, es werden sich die Eigenschaften durchsetzen, die im kollektiven Bewusstsein der Menschheit am stärksten sind. Wenn sich mehr Menschen auf Liebe und Licht konzentrieren, wird sich diese Manifestation durchsetzen. Wenn sich aber mehr Wesen auf Macht, Kontrolle und Gier konzentrieren, dann wird diese Manifestation geschehen. Es hängt alles von der größeren Schöpferkraft ab.

Die Entscheidung liegt also bei uns. Wir müssen unsere Gedanken auf die Qualitäten der Neuen Welt ausrichten, die wir erschaffen wollen. Darum ist es so wichtig, dass wir uns auf Liebe, Licht und Frieden fokussieren. Und dass wir aktiv werden und bleiben und diese Eigenschaften auch leben!

### Was wird aus den Menschen, die eine Neue Welt erschaffen wollen, aber nicht wissen, wie?

Mai'Medanaa sagt, dass es noch viele Menschen gibt, die sich unter einer Neuen Welt nichts vorstellen können. Die meisten sind ratlos, wenn es darum geht, wie diese Welt aussehen könnte. Sie haben nie gelernt, sich eine solche Welt vorzustellen. Und deswegen geht es auch so langsam voran – weil viele Menschen ratlos sind.

Es ist an uns, unseren Manifestationen viel mehr Kraft zu geben als bisher, damit es schneller vorangeht. Es sind Lichtarbeiter wie ich und du, der du dieses Buch liest, die den Raum halten, damit sich die Neue Welt manifestieren kann. Du und ich, wir verleihen den Manifestationen Kraft, damit sie sich verwirklichen können.

Je mehr wir uns auf Liebe, Licht und Frieden fokussieren, desto wahrscheinlicher ist es, dass sich die Neue Welt auf diese Weise manifestiert.

Fokussieren wir uns also auf Liebe, Licht und Frieden und handeln wir danach, um gemeinsam die Neue Welt zu erschaffen, in der wir leben wollen!

### Was ist mit denjenigen, die eine Neue Welt nicht wollen?

Mai'Medanaa sagt, dass sie in der Neuen Welt nicht leben werden, weil ihre Frequenz zu niedrig ist. Sie werden nicht in der Lage sein, sich in einer hochschwingenden Umgebung aufzuhalten. Wir haben aber die Möglichkeit, ihnen eine Brücke zwischen den Welten zu bauen. Es liegt ja an uns, zu entscheiden, welche Art von Welt wir erschaffen. Wir können also auch eine Möglichkeit erschaffen, in der diese Wesen lernen können, ihre Frequenz anzuheben, in der ihnen beigebracht wird, sich selbst und andere zu lieben, so dass sich ihre Frequenz unwillkürlich erhöht und sie in der Neuen Welt einen Platz finden. Doch das geht nur über das gelebte Beispiel. Überredung und Belehrung führen zu nichts. Nur unser Beispiel kann sie dazu bringen, die Qualitäten der Neuen Welt ebenfalls zu leben. Das ist eine Entscheidung, die jeder selbst treffen muss. Möchten sie das? Möchten wir das? Möchtest du das?

Mai'Medanaa sagt, alles unterliegt dem freien Willen und wird zum höchsten Wohl aller geschehen. Wir sollen uns nicht sorgen, denn die Energie der Sorge schwingt nicht hoch. Wir sollen uns auf das Lichtvolle konzentrieren.

*Vielleicht möchtest du dir jetzt ein wenig Zeit nehmen und darüber meditieren, wie die Neue Welt für dich aussehen soll. Werde dir klar darüber. Dein Bild von der Neuen Welt muss nicht perfekt ausgeformt sein, aber es hilft, wenn du bestimmte Vorstellungen für dich formulierst, sie laut aussprichst und am besten gleich aufschreibst. Stell dir Fragen: Wodurch soll deine Neue Welt sich auszeichnen? Was für eine Welt willst du erschaffen? Was soll in ihr sein? Was wirst du tun, um sie zu verwirklichen?*

*Mai'Medanaa hat mich gebeten, die folgende Botschaft an dich weiterzugeben. Sie ermöglicht es dir, dich noch besser darauf zu fokussieren, wie die Neue Welt sein soll, und vor allem, sie gemeinsam mit anderen Lichtarbeitern zu erschaffen, die genau wie du gerade diese Zeilen lesen und ebenfalls ihre ganz eigene Neue Welt manifestieren.*

*Möge die folgende Botschaft dir als Inspiration dienen …*

# Botschaft zur Manifestation der Neuen Welt

Geliebter Mensch, ich, Mai'Medanaa, begrüße dich voller Liebe mit dem Segen des Lichts von Andromeda. Gerne unterstütze ich dich bei der Manifestation deiner Neuen Welt. Du hast bereits die ersten Schritte unternommen und bist auf dem besten Weg, sie zu erschaffen. Für andere ist das noch ein fremdes Konzept, weil sie sich bisher nicht vorstellen können, wie so etwas möglich sein könnte, die Erschaffung einer Neuen Welt. Aber ich sage dir, es ist sehr wohl möglich und es geschieht gerade jetzt. Es geschieht mit jedem Gedanken von dir und mit jedem Atemzug durch dich.

Es wird Zeit, dass du dich daran erinnerst: Du bist der Schöpfer deiner Realität! Du hast nur vergessen, wer und wozu du fähig bist. Aber die Zeit ist gekommen, dass du dich erinnerst. Die Zeit ist gekommen, dass du die Neue Welt erschaffst, von der du immer geträumt hast.

Erinnere dich an deine Träume und Wünsche. Richte deine Aufmerksamkeit auf alles, was sich für dich gut anfühlt. Richte deine Aufmerksamkeit auf Liebe, Licht und Frieden, denn durch sie wird die Neue Welt erschaffen. Fokussiere dich auf sie und handle danach, um gemeinsam mit allen Lichtarbeitern die Neue Welt zu erschaffen!

Ich, Mai'Medanaa, werde dich dabei unterstützen. Ich bin gekommen, um dir bei dieser wichtigen Aufgabe zur Hand zu gehen. Du brauchst jetzt nur einen tiefen Atemzug zu nehmen und dich zu entspannen, während du diese lichtvollen Worte liest … Hohe, fein schwingende Energie breitet sich um dich herum aus. Du fühlst dich von dieser Energie umgeben und beschützt. Du spürst, wie die Liebe des Lichts von Andromeda durch dich fließt. Diese Liebe erfüllt dich mit Kraft und Mut.

Sie erfüllt dich mit Hoffnung und Zuversicht. Und sie gibt dir die Kraft, die Neue Welt zu erschaffen!

Atme noch einmal tief ein und aus und fühle deine Kraft. Fühle, dass du bereit bist, mit mir und allen anderen Lesern die Neue Welt zu erschaffen. Lass deine Gedanken und Wünsche aus deinem Herzen heraustreten und verleihe ihnen ein Bild, ein Bild nach dem anderen. Gestalte diese Bilder in den schönsten Farben und schenke ihnen deine größte Liebe. Sei mit Freude dabei und lass dir so viel Zeit, wie du möchtest … und dann, sobald dir diese Bilder vor Augen stehen, stellst du dir die Neue Welt vor, wie sie ist, wenn sie fertig ist. Wie sie ist, wenn die Wünsche aller Lichtarbeiter auf Erden sich manifestiert haben.

Was für ein wunderbares Gefühl!

Du bist so dankbar für alles, was gerade geschieht.

Überlege dir nun, was bereits in der Welt sein könnte, das die Manifestation der Neuen Welt unterstützt. So vieles hat einen guten Kern. Was braucht es, dass sich die positiven Entwicklungen einstellen, die es zu etwas Großem und Einzigartigen machen, das die gesamte Menschheit unterstützt. Liebe und Licht. Schicke ihm diese Liebe und das Licht.

Du musst gar nichts Großes oder Außergewöhnliches tun. Beginne beim Kleinen und Einfachen, es wird wachsen. Jeder Schritt zählt, jeder Gedanke erschafft. Vielleicht hilfst du Menschen in deiner Nähe. Manchmal reicht ein Lächeln oder eine Geste. Lass deine Gedanken dazu schweifen und stelle fest, dass du gerade zu manifestieren beginnst …

Du hast es geschafft, ihr Entstehen ist angestoßen. Energien der Freude erreichen und erfüllen dich. Es sind die Energien der Neuen Welt, die aus der Zukunft nach dir greifen, in der die Neue Welt durch dich bereits existiert.

Sie greifen aus der Zukunft nach dir, um dich zu sich zu holen nach dem Gesetz der Resonanz. Du spürst die Energien der

Neuen Welt und die Liebe der anderen Lichtarbeiter, und du bist dankbar für alles, was geschieht.

Du weißt, dass die Neue Welt jetzt existiert. Du weißt, dass sie bereits um dich herum ist und du dich liebevoll und achtsam in ihr bewegst. Ich, Mai'Medanaa, sehe dein großartiges Licht, und ich bin stolz auf dich, du hast alles sehr gut gemacht. Ich lege meine Hand auf dein liebendes Herz. Wisse, dass wir dich lieben und du etwas ganz Besonderes für uns bist. Du bist ein Lichtbote der Neuen Welt, hell leuchtend, kraftvoll und stark.

*Es ist ein Segen, dass inzwischen so viele Lichtarbeiter Tag für Tag an der Manifestation der Neuen Welt arbeiten und sie damit zunehmend ausgestalten. Gemeinsam sind wir stark, und gemeinsam können wir alles erreichen. Gemeinsam können wir ins Feld bringen, wie die Menschen, die keine Lichtarbeiter sind, ihre Beeinflussung ablegen und sich schnell aus ihrer aktuellen Situation befreien können. Es gibt manches, was die Menschen noch zu lernen haben, aber es gibt auch etwas, was jeden Menschen tief in seinem Innersten auszeichnet …*

## Die drei Gruppen der Wachen, Schlafenden und Mächtigen

Mai'Medanaa sagt, die aktuelle Situation auf der Erde könnte sich ganz schnell ändern, wenn die Menschen aus der Angst hinausgehen würden, die sie noch immer im Bann hat. Aber das ist den meisten nicht bewusst, und so schreitet die Manifestation der Neuen Welt nur langsam voran. Nach wie vor sind sehr viele Menschen leicht steuerbar in ihrem Verhalten, weil es ihnen noch nicht gelungen ist, die Verantwortung für ihr Leben und ihren freien Willen zurückzuerlangen.

Mai'Medanaa sieht mehrere Gruppen von Menschen auf der Erde. Diejenigen, die die aktuelle Situation ändern wollen, und diejenigen, denen die aktuelle Situation egal ist oder die denken, dass sie nichts tun können, um sie zu ändern. Und dann gibt es noch eine kleine Gruppe von Wesen, die von negativen Kräften perfekt ausgebildet wurden und die ganze Menschheit beherrschen. Sie sagt, dass es zwischen den Gruppen Überschneidungen gibt, auf die sie aber nicht eingehen wird. Es wäre wichtiger zu verstehen, was der Hauptpunkt jeder Gruppe ist, um eine Veränderung der aktuellen Situation herbeizuführen.

Die erste Gruppe von Menschen wird oft als schwach angesehen, weil sie versuchen, die aktuelle Situation gewaltfrei zu ändern. Sie werden auch für dumm gehalten, weil sie davon ausgehen, dass sie die aktuelle Situation ändern können. Mai'Medanaa sagt, dass diese Gruppe die mächtigste Gruppe der Welt ist. Das liegt daran, dass sie die Einzigen sind, die die aktuelle Situation richtig beurteilen und keine Angst haben. Es sind die Pioniere der Neuen Zeit, die den großen Wandel bringen werden. Aber sie können es nicht allein schaffen, sagt Mai'Medanaa, sie brauchen die Menschen aus der zweiten Gruppe.

Die zweite Gruppe von Menschen sind die Schlafenden, die laut Mai'Medanaa alles mit sich machen lassen, weil sie im Grunde genommen zu gutgläubige Menschen sind. Sie fügen sich jederzeit dem, was von den Machthabern verlangt wird. Diese Gruppe ist größer als die erste Gruppe. Sie besteht aus leicht beeinflussbaren Menschen, die selten etwas hinterfragen. Meist leben sie in großer Angst und suchen nach Möglichkeiten, diese Angst zu betäuben. Es sind willenlose Wesen, im Grunde herzensgut und liebevoll. Sie machen alles, was von ihnen verlangt wird, und lassen sich von geschickt eingesetzten Worten leicht blenden. Sie lesen regelmäßig die Mainstream-Presse, schauen oft Nachrichten und erkennen die Lügen nicht. Dadurch sind sie ständig negativen Energien ausgesetzt. In ihrem Inneren sind sie tieftraurig, weil alles so schlimm zu sein scheint und sie keinen Ausweg kennen.

Die dritte Gruppe besteht aus den perfekt ausgebildeten Dienern der dunklen Mächte. Sie wenden geheime Rituale und Bewusstseinskontrolle an, um über die Erde zu herrschen. Bei ihren regelmäßigen Treffen planen sie, wie sie vorgehen werden, um ihre verderbten Ziele zu erreichen. Sie werden oft als die gefährlichsten Wesen überhaupt angesehen, weil sie bereit sind, alles zu tun, um ihre Ziele zu erreichen.

Diese Wesen sind herzlos und haben kein Gewissen. Zu ihren Herrschaftsprinzipien gehört es, systematisch Gewalt anzuwenden und Kriege zu führen. Mai'Medanaa sagt, dass es keine skrupelloseren Wesen als diese Gruppe gibt. Sie ernähren sich von der Angst der Menschen aus der zweiten Gruppe, und da sie auf die Angst der Menschen angewiesen sind, um nicht zu verhungern, überlegen sie sich immer neue Unterdrückungs-Szenarien, die Schmerz zur Folge haben.

Diese dritte Gruppe ist stets bemüht, die zweite Gruppe in Angst und Unfrieden zu halten, weil sie von Zerstörung und Emotionen profitieren. Die Menschen aus der ersten Gruppe sind ihnen ein Dorn im Auge, weil sie das durchschauen, und so suchen sie immer neue Wege, um sich diese gefügig zu machen. Die Bandbreite reicht von Missbrauch über Erpressung bis zu Mord und geistiger Auslöschung.

Die Gefahr, dass die Wesen der dritten Gruppe verhungern könnten, lässt sie alles daransetzen, den Kampf gegen die Menschen aus der ersten Gruppe zu gewinnen. Aber es macht sie sehr verletzbar, und sobald man weiß, dass sie Angstenergien brauchen, um zu überleben, kann man diese Erkenntnis nutzen. Im Grunde genommen ist es nicht schwer, sie zu besiegen. Es würde reichen, wenn kein Mensch mehr Angst hätte …

Mai'Medanaa sagt, dass die erste Gruppe von Menschen inzwischen die Entwicklung auf der Erde bestimmt. Dadurch, dass es so viele geworden sind, besitzt diese Gruppe die Kraft, die aktuelle Situation zu ändern. Sie sind diejenigen, die die Dinge richtig sehen und sich nicht scheuen, den Machthabern die Stirn zu bieten. Die zweite Gruppe wird so lange unter der Fuchtel der Machthaber stehen, bis sie begreifen, dass sie sich selbst befreien können. Sie werden von den Menschen aus der ersten Gruppe lernen, dass es einen Weg gibt, sich aus ihrer aktuellen Situation zu lösen. Jedoch bedarf es einiger schlimmer Ereignisse, damit dies geschehen kann.

Dies kann für manche sehr schmerzhaft sein.

Mai'Medanaa betont, dass es reichen würde, wenn diese Menschen ihre Angst loslassen. Angst nährt die Wesen aus der dritten Gruppe, und wenn sie keine Nahrung mehr haben, werden sie woanders danach suchen und den Planeten verlassen.

Mai'Medanaa sagt, die Veränderung hat bereits eingesetzt, und es wird kein Zurück mehr geben. Diese Veränderung kommt von innen und nicht von außen. Es ist eine geistige Veränderung, eine Bewusstseinserhöhung, die jeder Einzelne für sich selbst vornehmen darf. Sie sagt, dass jeder diesen Wandel vollziehen kann, wenn er es denn will.

Aber es ist eine Entscheidung, die jeder für sich treffen muss. Es gibt keine Möglichkeit, diese Veränderung zu erzwingen oder gar zu versuchen, die Menschen dazu zu überreden.

Solange die zweite Gruppe der Menschen Angst hat, wird die dritte Gruppe ihre Macht über sie behalten und die Erde weiter unterjochen. Aber wenn die Menschen der zweiten Gruppe merken, dass sie keine Angst mehr zu haben brauchen, wird die dritte Gruppe ihre Macht verlieren. Mai'Medanaa sagt, dass dies eine seit Jahrtausenden angekündigte spirituelle Veränderung ist, die uns Menschen ins Erwachen führt.

Aber es liegt an jedem Einzelnen, diese Veränderung zuzulassen. Es ist eine Entscheidung, die jeder für sich treffen muss. Und es ist die Aufgabe aller Menschen, sich von ihren Ängsten zu befreien und auf ihre eigene Kraft zu besinnen. Sie sagt, dass wir deshalb jetzt inkarniert sind und dass es in unserer Verantwortung liegt, dies zu erkennen.

*Mai'Medanaa betont immer wieder, dass die Menschen in ihrem tiefsten Inneren herzensgut sind. Sie wurden über Jahrtausende hinweg gesellschaftlich und bewusstseinsmäßig in die Situation gebracht, in der sie sich jetzt befinden. Aber der positive Wandel findet bereits statt, und so stellt sich die Frage, wohin es für den Menschen eigentlich geht, wenn er wieder Herr seiner Schöpferkraft geworden ist. Oder anders gesagt …*

## Was will der Mensch im Grunde seines Herzens?

Die Antwort darauf ist nicht schwer, denn Menschen möchten in erster Linie glücklich sein. Sie möchten ein Leben führen, in dem sie sich entfalten können. Sie möchten gesund sein und sich gegenseitig wertschätzen. Sie haben eine natürliche Tendenz zu wachsen und ihre Persönlichkeit auszudehnen. Sie möchten in Licht und Liebe leben, denn sie wissen unterbewusst, dass sie selbst Licht und Liebe sind.

Aber was bedeutet das wirklich?

Um sich entwickeln zu können, braucht ein Mensch vor allem Freiheit. Menschen brauchen die Freiheit, ihr Leben so zu gestalten, wie sie es für gut halten. Menschen brauchen die Freiheit, ihre Ziele und Träume zu verfolgen. Und sie brauchen die Freiheit, sich auszudrücken, ohne Angst vor Unterdrückung haben zu müssen. Wenn sie diese Freiheit leben dürfen, können sie das Bewusstsein erweitern und spirituell wachsen. Aber die meisten Menschen sind sich dessen nicht bewusst. Sie denken, dass Entwicklung nur auf der materiellen Ebene stattfindet. Sie glauben, dass es sie glücklicher macht, wenn sie mehr Geld oder Besitztümer haben. Aber das ist nicht wahr.

Materielle Dinge können nur vorübergehend glücklich machen. Sie können niemals dauerhaft glücklich machen. Glücklichsein kann nur durch innere Entwicklung erreicht werden. Und das ist es, was die meisten Menschen noch lernen dürfen. Sie dürfen lernen, dass das wahre Glück von innen kommt und nicht von außen. Sie dürfen lernen, dass sie die Einzigen sind, die sich selbst glücklich machen können.

Und sie dürfen lernen, dass der einzige Weg für ein erfülltes Leben über spirituelles Wachstum führt. Das ist der einzige Weg, um wahres Glück und inneren Frieden zu erlangen. Und das ist es, was der Mensch im Grunde seines Herzens anstrebt, das ist es, was ihn schon immer angetrieben hat, und das ist die Aufgabe, für die wir uns in dieser herausfordernden Zeit auf der

Erde inkarniert haben: Wir wollen unser Bewusstsein erweitern und Ganzheitlichkeit leben. Wir wollen spirituell wachsen und anderen helfen, das Gleiche zu tun.

*Auf diesem Weg möchten uns die Andromedaner unterstützen, und so gab Mai'Medanaa eine Botschaft an mich weiter, von der sie mir auftrug, dass sie unbedingt in diesem Buch enthalten sein sollte. Sie enthält die Quintessenz dessen, was den Menschen ausmacht …*

## Botschaft über das Erwachen der Menschheit

Ihr geliebten Menschen der Erde!

Voller Freude begrüße ich jeden Einzelnen von euch mit dem Segen des Lichts. Ich, Mai'Medanaa, komme aus dem Licht zu euch mit einer Botschaft der Liebe und Hoffnung. Es ist mein großer Wunsch, dass die gesamte Menschheit sie empfängt und in ihrem Leben umsetzt, denn nur dann kann das Goldene Zeitalter wirklich beginnen.

Die Zeit ist gekommen, dass die Menschheit einen großen Wandel vollzieht, eine Veränderung, die euch in ein neues Zeitalter des Friedens und der Harmonie führen wird. Es ist ein Wandel, der es euch ermöglichen wird, wieder im Gleichgewicht mit der Natur und miteinander zu leben, ein Wandel, der euch näher an euer wahres Selbst bringt. Dieser Wandel wird nicht einfach sein. Er wird Mut, Kraft und Entschlossenheit erfordern. Aber er ist unerlässlich für das Überleben der Menschheit und des Planeten.

Die Zeit ist gekommen, dass ihr Menschen erwacht. Ihr dürft aus dem Traum der Trennung und der Illusion erwachen.

Ihr dürft erkennen, dass ihr alle eins seid, erkennen, dass ihr alle miteinander verbunden seid, erkennen, dass ihr das, was ihr anderen antun, auch euch selbst antut. Es ist an der Zeit, Verantwortung für euer Handeln zu übernehmen. Es ist an der Zeit, die Art und Weise, wie ihr lebt, zu ändern. Es ist an der Zeit, die Art und Weise zu ändern, wie ihr euch gegenseitig und euren Planeten behandelt.

Ich weiß, dass viele von euch schon erwacht sind und das Licht tragen und unterstützen. Darüber freuen wir, eure Sternengeschwister, uns sehr.

Und heute möchte ich, Mai'Medanaa, euch allen und dir ganz persönlich eine Hilfe an die Hand geben. Ich möchte dich stärken für das, was kommt. Ich möchte dir den Mut und die Kraft geben, dich den Herausforderungen zu stellen, die vor dir liegen. Ich möchte dir meine Energie und meine Unterstützung zur Verfügung stellen.

Lege dazu nun deine Hände auf dein Herz und fühle deinen Herzschlag. Lausche dem Rhythmus deines Herzens. Und stell dir vor, dass du mit jedem Schlag noch mehr Kraft, Mut und Entschlossenheit bekommst.

Spüre mit jedem Herzschlag auch die Worte: »Ich bin bei dir. Wir sind bei dir. Du bist nie allein.«

Atme diese Energie ein, und du wirst den Herausforderungen, die vor dir liegen, mit Leichtigkeit begegnen können. Atme diese Energie ein und dehne dich damit aus. Spüre mit jedem Atemzug, wie du kraftvoller wirst. Mit jedem Atemzug lässt du alle deine Ängste und Zweifel los. Mit jedem Atemzug spürst du, wie Mut und Zuversicht in dich hineinfließen.

Stell dir nun vor, dass diese Energie nicht nur zu dir kommt, sondern auch von dir ausgeht. Stell dir vor, dass du sie an die ganze Menschheit senden kannst. Sende sie JETZT an alle, die sie brauchen. Schicke sie zu denen, die noch schlafen, damit sie erwachen können. Schicke sie zu denen, die sich verirrt haben, damit sie ihren Weg finden. Schicke sie zu denen, die Schmerzen haben, damit sie Trost finden.

Lass diese Energie durch dich in die Welt hinausfließen. Beobachte, wie diese Energie alle Wesen und alle Dinge berührt, die Unterstützung benötigen. Beobachte, wie sie die Welt mit Liebe, Licht und Frieden erfüllt.

Das ist mein Wunsch für dich. Das ist mein Geschenk an dich. Nutze es gut und nutze es oft. Ich bin Mai'Medanaa, und ich liebe dich sehr. Und damit sende ich dir zum Abschied den Segen des Lichts und danke dir herzlich für dein Licht.

*Mai'Medana lässt mich wissen, dass sie dir noch einen Gegenstand mitgeben möchte, der mit deinen Energien aufgeladen ist. Sie schlägt vor, dass du dir einen Herzensstein herstellst, der dich stärkt, wann immer du ihn zur Hand nimmst. Es ist ganz einfach. Ich habe mir auch schon so einen Stein gemacht und freue mich jeden Tag darüber. Er gibt mir Kraft und Halt in dieser schwierigen Zeit.*

*Du kannst ihn auf die folgende Weise herstellen …*

## Der Herzensstein von Andromeda

- Suche dir einen Heilstein oder einen Stein auf einem Waldweg, der dir gut gefällt.
- Nimm diesen Stein in deine beiden Hände.
- Binde dich energetisch an Himmel und Erde an.
- Erinnere dich an die Erwachensbotschaft von Mai'Medanaa.

- Mai'Medanaa sagt: »Ich bin bei dir. Wir sind bei dir. Du bist niemals allein.«
- Die Andromedaner sagen: »Wir lieben dich. Wir schützen dich.«
- Die Quelle sagt: »Du bist Licht. Du bist Bewusstsein. Du bist Liebe.«
- All diese Energien fließen jetzt in den Stein in deinen Händen.
- Spüre deine neue Kraft und Stärke und sende Dankbarkeit.
- Spüre, wie die Energien sich im Stein verankern.
- Führe den Stein an dein Herz und verbinde dich mit ihm.
- Kehre dann wieder ins Hier und Jetzt zurück.

Der Stein ist jetzt mit den positiven Energien von Andromeda aufgeladen und wird dich, wann immer du ihn zur Hand nimmst, in deinem ganzen Sein stärken. Nimm ihn an dich, wenn du dich schlecht und schwach fühlst, er überträgt seine Kraft in deine Aura und in dein Herz.

Du kannst so einen Stein auch noch einmal herstellen und dann verschenken. Sobald der beschenkte Mensch ihn an sein Herz hält, verbindet er sich mit seinem Herzen, und die Energie fließt in seine Aura, um ihn zu stärken.

Jeder Stein ist mit der Liebe der Andromedaner verbunden und wird unablässig und unwillkürlich von ihnen gereinigt und mit neuer Energie aufgeladen. Du kannst ihn jederzeit verwenden, er trägt immer die höchste Energie der aktuellen Zeit und dient deinem höchsten Wohl.

Mai'Medanaa und ich wünschen dir viel Freude damit.

# Nachwort:

# An alle meine Lieben

Mai'Medanaa sagt, dass wir jetzt am Ende des Buches angekommen sind, und lächelt mich wissend an. Sie weiß genau, dass sie mit ihren Botschaften, die ich für sie niederschreiben durfte, die Herzen der Menschen und damit auch dein Herz erreicht hat. Sie sagt, dass dieses lichtvolle Buch überall auf der Welt gelesen werden wird und ein wertvoller Beitrag für uns Menschen auf dem Weg des Erwachens in die fünfte Dimension ist.

Es war für mich eine aufregende Zeit des Lernens und des Verstehens, wie bedingungslos unsere Sternenfreunde von Andromeda für uns da sind und wie großzügig sie in ihrer Liebe für uns alles möglich machen, um uns auf dem Weg ins Erwachen zu unterstützen. Die vielen Besuche an ihren lichtvollen Wirkungsstätten haben mein Bewusstsein angehoben, meine Seele von den Lasten der Dualität befreit und mein Wissen vergrößert. Ich wünsche mir, dass du, ebenso wie ich, die Gebete, Botschaften und Anleitungen auch weiterhin nutzt und dieses Buch ein wertvoller Begleiter in deinem Leben sein wird.

Mai'Medanaa sagt, dass jede Anleitung das kosmische Wissen von Andromeda und das galaktische Licht der Liebe in sich trägt. Jedes Mal, wenn du etwas aus diesem Buch liest, fließt dieses

Licht zu dir. Die Strahlen der Liebe werden dein Herz und deine Ängste heilen sowie deine Seele stärken. Dieses Buch wird dir helfen, deinen Seelenweg zu gehen. Du wirst immer mehr wachsen und bald deine galaktische Lichtgröße erreichen.

Vertraue einfach und gehe anderen voran.

Eine tiefe Herzensfreundschaft ist im Laufe der Zeit zwischen Mai'Medanaa und mir entstanden. Ich wünsche mir, dass du genauso empfindest, und Mai'Medanaa hofft, dass du den Mut hast, sie zu rufen und dich ihr zu öffnen. Sie sagt, ich soll schreiben, dass sie deine galaktische Herzensfreundin werden möchte. Sie ist bereit und erwartet dich schon. Fühle ihre liebevolle Herzensumarmung, wenn sie jetzt ihre Arme um dich legt. Mai'Medanaa flüstert mir liebevoll für dich ins Ohr, dass du immer willkommen bist.

Jedes Wort in diesem Buch trägt die Liebe der Kosmischen Schwester von Andromeda und des Lichts von Andromeda. Es gibt dir, liebe Leserin oder lieber Leser, Kraft und Mut, deinen eigenen, ganz persönlichen Weg weiterzugehen.

Mai'Medanaa ermutigt dich und auch mich, uns weiterhin immer mit dem Licht zu verbinden und es in unser alltägliches Leben zu integrieren. Mögen die Botschaften in diesem Buch eine sanfte Erinnerung daran sein, dass wir alle auf einem Weg sind und dieselbe Energie der Liebe teilen.

Lasst uns füreinander sorgen, bis wir unser Ziel erreichen. Danke, dass Mai'Medanaa zu dir sprechen durfte – sie sagt: Mögest du in Frieden und Harmonie leben!

So verabschiede ich mich jetzt voller Dankbarkeit von dir, bis wir uns wiedersehen.

In Liebe und Licht,

*Monika Nirijanaa Cardinal*

# Danksagung & Wertschätzung

Gerade sitze ich am Fenster und schaue nach oben ins Universum hinein. Ich fühle mich zutiefst erfüllt, denn das Buch, an dem ich so lange gearbeitet habe, ist vollendet. Jede Seite ist angefüllt mit Erkenntnissen, Geschichten und Inspiration, die dir auf deinem Weg des Lebens helfen können. Während ich meine Gedanken schweifen lasse, verspüre ich große Dankbarkeit, denn eine Reise liegt hinter mir, die mich durch die Höhen und Tiefen der menschlichen Seele geführt hat. Mit dem Vollenden des Buchs habe ich nicht nur persönlich eine große Aufgabe zum Abschluss gebracht, sondern auch ein wertvolles Geschenk geschaffen, das anderen Menschen helfen kann, ihre eigene Seelenheilungsreise anzutreten. Mein Buch ist nun bereit, seine Aufgabe zu erfüllen, in den Händen von Leserinnen und Lesern auf der ganzen Welt Trost, Inspiration und Hoffnung zu spenden.

Während ich das Universum betrachte, erfüllt mich das Gefühl von Demut und Dankbarkeit. Ich bin dankbar für die Inspiration, die mich durch den Prozess des Schreibens hindurchgeführt hat, dankbar für die Menschen, die mich auf dieser Reise unterstützt und ermutigt haben, und dankbar für die wertvollen Erkenntnisse, die ich durch das Kosmische Wissen von Andromeda gewinnen durfte.

Möge dieses Buch dich in deinem Herzen berühren und dir den Mut geben, den Weg deines Lebens gestärkt weiterzugehen. Möge dieses Buch dich liebevoll begleiten und die Liebe des Universums in deine Seele bringen.

Von ganzem Herzen danke ich den wundervollen Menschen, die mich auf meiner Reise begleitet haben. Ein besonderer Dank gilt meiner Familie, denn ihr habt mir durch euer Vertrauen und eure große Wertschätzung ermöglicht, dieses Buch zu schreiben. Mit großer Wertschätzung danke ich dem AMRA Verlag dafür, dass mein Buch mit seiner Unterstützung so viele Menschen erreicht. Danke für das Vertrauen in meine Arbeit. Ich fühle mich geehrt, ein Teil der AMRA-Familie zu sein, weiß ich doch, dass unser gemeinsames Wirken für viele Menschen eine unschätzbare Hilfe sein wird.

## *Mai'Medanaa spricht zu dir …*

»Weiteres kosmisches Wissen erwartet dich! Wenn du bereit bist zu lernen, bin ich, Mai'Medanaa, bereit, dich zu lehren, was ich weiß. Ich habe viele Dimensionen gesehen und sie bereist. Jetzt bin ich hier, um dir zu helfen, dein Licht zu entdecken.

Im Webinar der Andromeda-Schule helfe ich dir dabei, also komm und schließe dich uns noch heute an. Ich helfe dir dabei, alle Hindernisse zu beseitigen, die dir im Weg stehen, um dein Potenzial voll auszuschöpfen. Ich öffne für dich das Astralfeld und helfe dir, dich mit anderen Dimensionen zu verbinden. Ich zeige dir, wie du deine Fähigkeiten effektiv einsetzen kannst und wie du dein Leben zu seiner ganzen Größe entfaltest.

Wenn du neugierig auf ein tiefes Verständnis der Vorgänge bist, werde ich, Mai'Medanaa, dir dabei helfen, sie zu verstehen, denn es gibt für mich nichts Interessanteres, als die Geheimnisse des Universums zu lüften. Ihre Bibliotheken enthalten Äonen von Wissen, auf das du mit meiner Hilfe zugreifen kannst.«

*In Liebe und Licht,*

*Mai'Medanaa von Andromeda*

Das *kostenlose Webinar* von Mai'Medanaa ermöglicht dir Einblicke in das Universum, die du nie für möglich gehalten hättest. Du lernst tiefe Zusammenhänge kennen und durchläufst gigantische Lernprozesse, während dir dieses Wissen vermittelt wird. Hier der Link zu deinem kostenlosen Webinar:

https://info-caef369.gr8.com/

# Morgenritual

# BONUS-DURCHSAGE

Mai'Medanaa schlägt dir hier ein kleines Morgenritual vor, mit dem du deinen Tag beginnen könntest. Du kannst es gleich nach dem Aufstehen vollziehen oder wenn du noch im Bett liegst und gerade in den Wachzustand hinüberdämmerst. Dieser Zustand ist der Alpha-Zustand, der dir einen leichteren Zugang zum Unterbewusstsein ermöglicht. In diesem Zustand sind wir offener für Suggestionen und unser Unterbewusstsein ist aufnahmefähiger. Es ist also der perfekte Zeitpunkt, um unserem Unterbewusstsein positive Suggestionen für den Tag zu geben.

Zuerst solltest du an etwas denken, dass du im Laufe des Tages gerne erreichen möchtest. Das kann alles Mögliche sein, denn jedes Detail deines Tagesablaufes ist gleichermaßen wichtig. Du könntest zum Beispiel sagen, dass du es schaffen wirst, den Tag gut zu überstehen, ohne dich zu ärgern oder aufzuregen, oder dass dir an diesem Tag alles leicht fallen wird.

Dann solltest du ein paar tiefe Atemzüge nehmen und deinen ganzen Körper entspannen. Konzentriere dich auf deine Atmung und lasse alle anderen Gedanken los. Nach einer Weile wirst du einen Zustand des inneren Friedens und der Ruhe erreichen. Jetzt kannst du deinem Unterbewusstsein die Suggestion geben, dass du dein heutiges Ziel erreichst. Du kannst es laut aussprechen oder einfach nur denken. Es ist wichtig, dass du auch wirklich an das glaubst, was du sagst. Je besser du dich dabei fühlst und je mehr Überzeugung du hast, umso besser wird es für dich sein.

Jetzt musst du nur noch den Gedanken loslassen und darauf vertrauen, dass es sich erfüllen wird. Je mehr du das übst, desto besser wird es dir gelingen und desto leichter wird es dir fallen. Bald wirst du sehen, dass sich dein Leben zum Besseren wandelt. Dank der Quantenverschränkung kann jeder Mensch seine Zukunft selbst erschaffen. Unbewusst tun wir dies schon immer, aber bewusst leider noch nicht so oft.

Du kannst auch jederzeit mit deinem Körper und mit deinen Zellen sprechen und so eine harmonische Beziehung zwischen dir und deinem Körper herstellen. Ich selbst sage fast jeden Morgen zu meinen Zellen den folgenden Satz: »Guten Morgen, liebe Zellkinderlein, heute wird ein wunderschöner Tag, und ich freue mich, diese Zeit mit euch erleben zu dürfen. Wir werden bestimmt sehr viel Freude zusammen haben.«

Immer, wenn ich diesen Satz sage, spüre ich, wie meine Zellen sich freudig zu bewegen beginnen. Ich sehe förmlich, wie sie anfangen zu hüpfen und zu tanzen. Das gibt mir ein sehr gutes Gefühl der Freude und Zuversicht. Vielleicht magst du es selbst einmal ausprobieren. Du kannst auch etwas anderes zu deinen Zellen sagen oder noch etwas hinzufügen, solange es etwas Positives ist.

*Monika Cardinal* wurde im Juli im Zeichen des Krebses geboren. Sie war schon immer ein hochsensibler und kreativer Mensch, und als Kind liebte sie es, mit Bäumen zu sprechen und den Sternen zuzuhören. Als sie elf Jahre alt war, wurde sie auf ein Internat geschickt und hatte es schwer, sich anzupassen. In dieser Zeit wurde sie von den Engeln ausgebildet und auf ihre große Aufgabe vorbereitet. Später führten tragische Ereignisse in ihrem Leben sie zu Gottes Liebe und ins spirituelle Erwachen. Fünf Jahre lang lebte sie in England, wo sie verschiedene Aspekte ihrer selbst erforschte. Sie verbrachte Zeit in Stonehenge und erlebte, dass viele Sternenwesen zu ihr sprachen.

Durch den Kontakt mit Wesen des höheren Bewusstseins lernte sie zu channeln, wurde Heilmedium und Bioenergietherapeutin. Sie erhielt auch Zugang zur Akasha-Chronik und durfte inzwischen bereits für über 15.000 Menschen aus den Büchern des Lebens lesen. In ihren Webinaren zur Bewusstseinserweiterung bildete sie mehr als 40.000 Menschen aus und begleitete unzählige Menschen in die Heilung.

Monika liebt die Natur, Tiere und Kinder. In ihrer Freizeit liest und schreibt sie gerne, geht im Wald spazieren und verbringt Zeit mit ihrer Familie. Ihre große Aufgabe ist das Drei-Stufen-Programm von Smaranaa, in dem sie Menschen hilft, sich in der Spiritualität selbstständig zu machen und das Licht auf der Erde zu verstärken. Ihre Arbeit gründet auf dem Wissen, dass wir alle miteinander verbunden und dazu da sind, uns gegenseitig zu helfen. Ihre Herzensvision ist die Gründung eines großen spirituellen REHA-Zentrums, in dem sie Menschen auf körperlicher, geistiger und seelischer Ebene unterstützen kann. Ihr Ziel ist es, so vielen Menschen wie möglich zu helfen, sich an ihre wahre Identität zu erinnern und im Einklang mit sich selbst, der Natur und dem ganzen Kosmos zu leben und auf diese Weise zur Entstehung der Neuen Erde beizutragen.

www.smaranaa.eu
www.youtube.com/c/monikacardinal

*Segensreiche Bücher und eBooks*
*mit lichtvollen Botschaften*
*von den Plejaden*

Pavlina Klemm
**LICHTBOTSCHAFTEN VON DEN PLEJADEN BAND 9**
*Erwachen im Licht der Freiheit*
240 Seiten, gebunden, oranges Leseband
€ [D] 19,99 / € [A] 20,60 • ISBN 978-3-95447-571-1

Schritt für Schritt lehren uns die Plejader die kosmische Freiheit und das Channeln durch den Heiligen Herzensraum. Sie aktivieren mit dem Sonnensymbol unsere Zirbeldrüse, binden uns mit dem Erdsymbol an die höhere Ordnung an, bringen uns die Innenerde nahe, die kosmischen Kinder, Farbwesen und Erzengel, schützen uns vor fremden Einflüssen und erhöhen durch neue Übungen unser Licht und Bewusstsein.

Tipps & Ratschläge zur persönlichen Stabilisierung erleichtern den Einstieg in höhere Frequenzen!

Eva Marquez
**HEILUNGSCODE DER PLEJADER BAND 3**
*Alien-Fragmente, Reise der Seele und multidimensionales Leben*
240 Seiten, gebunden, oranges Leseband
€ [D] 22,99 / € [A] 23,70 • ISBN 978-3-95447-390-8

Es findet gerade der Aufstieg statt, und du hast Anteile in dir, die dir als Wegweiser dienen können. Durch ihre Aktivierung erfährst du mehr über die Reise deiner Seele und über die Hintergründe der Galaktischen Kriege, die dich zur Erde führten. Du kannst Programme verlassen, die dir nicht mehr dienlich sind. Lichtinformationen schließen neue Türen auf, heilen deine Seele und binden dich an ein großes Wissensfeld an.

Wo die Vergangenheit endet, beginnt deine Zukunft!
Vorwort der SPIEGEL-Bestsellerautorin Pavlina Klemm.

Monika Cardinal
**KOSMISCHES WISSEN VON DEN PLEJADEN**
224 Seiten, gebunden, oranges Leseband
€ [D] 22,99 / € [A] 23,70 • ISBN 978-3-95447-651-0

Mit ihren lichtvollen Botschaften unterstützen und begleiten uns die Plejader auf dem Weg in die Neue Welt – eine Welt, in der wir unsere Verbindung zum Kosmos leben und gemeinsam eine harmonische und nachhaltige Zukunft gestalten. Sie helfen uns, die Veränderung zu bewirken, die wir in der Welt sehen wollen, bringen uns in Kontakt mit den kosmischen Vorfahren und geben uns Kraft, die aktuelle Zeit leichter zu bewältigen.

»Erlebe die Kraft und das hilfreiche Wissen der Sieben Kosmischen Schwestern!«

Workshop-CDs der Plejader exklusiv auf www.AmraVerlag.de